廃線跡巡りのすすめ

デジタル新時代における鉄道遺構の楽しみ方

栗原　景
Kurihara Kageri

交通新聞社新書 154

廃線跡巡りのすすめ――目次

はじめに

　廃線跡巡りが、静かな人気を呼んでいます。1960年代から、特に1990年代以降、レールファンを中心に静かな人気を得てきたジャンルですが、近年は廃線跡を地域の歴史を伝える観光素材と捉える自治体も現れ、幅広い人が楽しむようになってきました。その人気のひみつは、遺跡発掘にも似た歴史発見と、手軽な里山歩きを同時に楽しめる点にあります。勾配に弱い鉄道は山岳路線と言われたような区間でも急坂が少なく、登山やハイキングは苦手という人でも無理なく歩くことができます。

　しかし、廃線跡巡りには危険が伴います。田舎のあぜ道のような線路跡が、突然背丈ほどもある薮に覆われ立ち往生することもあれば、雑草に隠れた側溝や斜面に足を取られることもあります。放棄されたトンネルに入ったり、朽ちかけた橋梁を渡れば、思わぬ事故に遭うこともあるでしょう。

　本書では、そうした危険を避けて、安全かつ知的に廃線跡巡りを楽しめるノウハウを紹介しています。廃線跡のタイプ別紹介から調べ方、持ち物、現地での歩き方など、ガイドブックのような読み物として使っていただけます。また、後半では筆者が実際に訪れたさまざまなタイプの廃線跡を、現地で保存・伝承に取り組む人々の活動や、実際に訪れる人のためのプランも含めて紹介しました。バス路線などのデータは、2021（令和3）年7月現在のものですので、おでかけの際はインターネットを調べたり、交通機関に問い合わせするなどして最新の情報を確認してください。

2021年は新型コロナウイルスの感染拡大が世界的な社会問題となりましたが、旅行が難しい場合でも、自宅で廃線跡の発見・探索を楽しめるよう、インターネットの地理情報システムを活用したオンライン廃線跡巡りのノウハウもまとめました。文章中心の新書という制限はありますが、ぜひお手元にパソコンかスマートフォンを用意してご覧いただければと思います。

誰でも地域と鉄道の歴史を探求し、街歩きや里山歩きを楽しめる廃線跡巡り。ぜひ、本書とスマートフォンを手に各種法規やマナーを守って楽しんでみてください。

主な参考文献

RM LIBRARY 42 熊延鉄道／田尻弘之／ネコ・パブリッシング
RM LIBRARY 116 尾小屋鉄道／寺田裕一／ネコ・パブリッシング
鉄道廃線跡を歩くI～X／宮脇俊三編／JTBキャンブックス
鉄道未成線を歩く（国鉄編）／森口誠之／JTBキャンブックス
幻の武州鉄道／郷奇智／岩槻叢書
岩槻城と町まちの歴史／菊地丕ほか／聚海書林
岩槻市史 近・現代資料編／岩槻市役所市史編纂室
岐阜工事局五十年史／日本国有鉄道岐阜工事局
名古屋鉄道社史／名古屋鉄道
名古屋鉄道100年史／名古屋鉄道

本書のデータについて

バス路線などのデータは、2021年7月現在のものです。本書刊行後に変更・廃止・新設される場合がありますので最新の情報をご確認ください。

本書に掲載しているQRコードは、iOSやAndroidのスマートフォンに搭載されたカメラで読み取ると、地理情報システムなどのウェブサイトにアクセスできます。本書刊行後にURLが変更されて、アクセスできなくなる場合がありますので、ご注意ください。

序章

初めての廃線跡巡りに——名古屋鉄道美濃町線

線路跡がよく残る名鉄の廃線跡

初めて廃線跡を歩いてみようという人は、名古屋鉄道の廃止路線がいい。比較的近年に廃止された路線が多く、遺構がよく残っているうえ、極端に人口が少ない危険な場所が少なく、バスなどの代替交通機関も比較的充実している。過去の航空写真や地図も多く、適度な散策を楽しみながら、今は役割を終えた鉄道を偲ぶことができる。

名古屋鉄道は、愛知・岐阜・三重県に20路線、444・2kmを運行する、日本で三番目の規模を誇る大手私鉄だ。明治から大正時代にかけての地方私鉄ブームによって建設された、30近い私鉄が合併を繰り返して成立した。そのため、大手私鉄としては異例とも言えるローカル線を数多く抱え、主として2000年代に6つの路線と1つのモノレール線が廃止された。

上場企業である名古屋鉄道は、廃止した路線の敷地の処分を考えていたが、幅5mほどの細い敷地は用途が限られ売却が難しい。道路に転用されたところもあるが、かなりの区間が今も残されている。

春先の平日、美濃町線跡を訪れた。

名鉄美濃町線は、岐阜市内の徹明町《てつめいちょう》駅と、美濃市の美濃駅とを結んでいた全長25・1

kmの路線だ。1911（明治44）年に、名鉄の前身のひとつである美濃電気軌道が開業させた。現在の岐阜市と関市、そして美濃市を結ぶ主要路線だったが、併用軌道の区間もある路面電車に近い規格で、並走する国道を走る路線バスにスピードと便数の両面で勝てなかった。1999（平成11）年に、長良川鉄道と並走する新関〜美濃間が廃止。残る区間も、名鉄が電圧600Vの路線を全廃する方針をとったことから、2005（平成17）年に廃止された。

2000年代に廃止された路線は、インターネットに現役時代の映像が残っていることが多い。美濃町線も、愛好家がYouTubeに前面展望動画を公開している。

美濃町線白金〜小屋名間 1984（昭和59）年

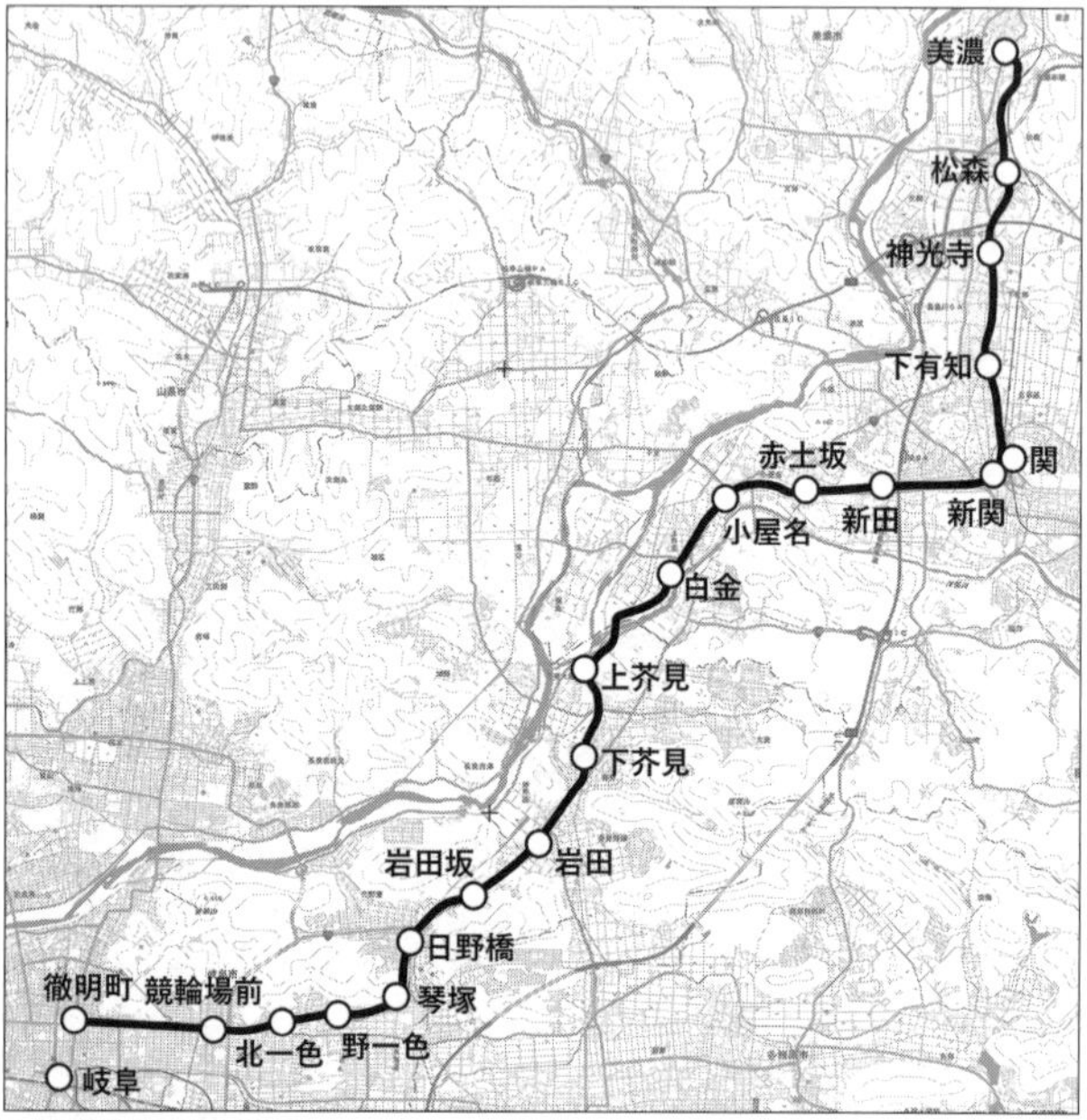

名鉄美濃町線路線図

「名鉄美濃町線」で検索して、現地を訪れる前に当時の映像を見ておくと、予習ができてより楽しめる。あるいは、廃線跡を訪れた後に見ても、自分が見た風景と比較ができる。

名鉄岐阜〜関シティバスターミナル間には、現在も1時間に最大5本の路線バスが運行されている。休日でも、だいたい30分に1本はあるので、徒歩とバスを組み合わせて廃線跡を巡るのにちょうどいい。

鉄道が生きていた時代の地図をスマホで見ながら散策

起点の徹明町駅は、名鉄岐阜駅から500mほど北の神田町5交差点にあった。この辺りは、道路上を走る併用軌道の区間で、駅といっても実態は停留場だ。1970（昭和45）年に競輪場前から各務原線に乗り入れて新岐阜（現・名鉄岐阜）に直通する田神線が開業し、競輪場前～徹明町間は支線のような雰囲気だった。

併用軌道は、廃止されると跡形もなくなるが、徹明町駅には明確な遺構がある。ホーム向かいにある「名鉄徹明町駅ビル」だ。今はビル全体が空き屋だが、1階にきっぷ売場が残っている。ガラスに表示された「徹明町駅電車きっぷうりば」の文字は、20年以上前に無人化されたとは思えないほど鮮明だ。中をのぞくと、壁に「名古屋港大水族館名鉄パノラマパック」の手書きポスターが貼られていた。新岐阜駅から金山を経て名古屋市営地下鉄名古屋港駅までの往復乗車券で、水族館の入場料がセットになって「約2割引」の2570円。無人化直前の1999年頃の商品だろう。2021年のいま、同じコースを利用すると3750円かかる。3750円の2割引はちょうど3000円だ。この20年間の物価の上昇が想像できる。

徹明町9時17分発の岐阜バスせき東山行きに乗車した。ここからは、スマートフォンの出番だ。古地図や過去の航空写真を表示できるアプリ・ウェブサイトを使うと、廃線跡巡りは何倍も楽しくなる。

今回使うのは、「スーパー地形」（82ページ参照）だ。iOSとAndroidでリリースされているアプリで、地形を詳細かつビジュアルで表示できるのが最大の特徴だ。廃線跡巡りにとっては、古地図や過去の航空写真に現在位置と行動の軌跡を表示・記録できる点が優れている。美濃町線が現役だった時代の鮮明な航空写真に、現在位置を重ねられるので、廃線跡の位置が一目瞭然だ。

美濃町線が、県道を離れて専用軌道に入るのは、徹明町駅から5つめ、北一色駅の先からだ。古地図に記された美濃町線のラインと寸分違わぬ位置で、北へ離れていくグリーンベルトが見えた。次の野一色バス停で降りる。

移転前と移転後の野一色駅の位置も古地図で確認

300mほど戻った長森本町バス停前が、専用軌道の分岐点だった。レールは残っていないが、起点からの距離を示す距離標が残っている。数字を読み取ることはできないので、「スーパー地形」で距離を測定してみよう。「ツール」↓「測定」をタップし、画面の中心

きっぷ売り場が今も残る徹明町駅跡

バスの車内で「スーパー地形」アプリを確認

十字線を測定したい場所に合わせて「追加」をタップしていく。徹明町駅から、現在位置までを測ると、3523mと出た。残された距離標は徹明町駅起点3・5kmのものに違いない。ふり返ると、県道から専用軌道跡に向かって、アスファルトに斜めの亀裂が入っている。レールを剥がし、埋めた跡である。この道路を行き交う人々にとって、この小さな亀裂は全く意味をもたない。だが、廃線跡を訪れる人にとっては、立派な「遺跡」である。

軌道跡との境には、簡単なフェンスが置かれていた。名鉄の廃線跡は、地域の人が勝手に菜園にしたり、生活道路として使っていたりすることも多いものの、基本的には私有地だ。むやみに立ち入らず、周辺の道路から観察しよう。

美濃町線は、県道から1本入った天衣寺前の通りと並走する。1932（昭和7）年の地図には線路しか描かれていないので、線路に沿ってあとから道ができたのだろう。徹明町駅起点4kmの距離標の前に、朽ちたホームの跡があった。ここが野一色駅か。路面電車だけあって小さいな、と思っていると、100mほど先にもっと立派なホームがあった。1932年の地図は前者の位置に、1968年（昭和43）以降の地図には後者の位置に駅がある。インターネットの百科事典、ウィキペディアで「野一色駅」を調べてみると、1970（昭和45）年に約100m移転したとあった。

長森本町バス停前　鉄軌分岐点

晩年の美濃町線は、徹明町駅から来た電車は当駅か2つ先の日野橋駅止まりで、新岐阜駅から田神線経由で乗り入れる電車に同一ホームで接続していた。下り電車の乗り場は、道路の端がそのままホームになっていて、今はホーム端にバリケードが設けられている。住宅街から、そのままひょいと電車に乗れたわけだ。生活に密着した路線だったのだろう。傍らの住居表示地図には、「名鉄美濃町線」と「野一色駅」が書き込まれていた。

野一色駅から300mほど先で、美濃町線は白山神社の境内を横切っていた。今は、踏切があった場所に真新しい石灯籠ができていた。美濃町線がこの神社を通過していたのは94年間。白山神社は721年創建と伝わり、

野一色駅跡

2021（令和3）年は創建1300年にあたる。そのうちの94年間は、ごく短い期間、だろうか。

再び県道92号線に出ると、線路跡に太陽光パネルが並んでいた。近年各地で見かける、廃線跡地を利用した太陽光発電だ。鉄道、特に単線のローカル鉄道は用地の幅員が5mほどしかなく、廃線後の土地活用が難しい。小さな敷地でも設置が容易で、補強の必要もない太陽光発電は有効な活用法だ。太陽光パネルは最小限の整備で設置されており、勾配標や距離標といった遺構はそのまま残っている。勾配標などが柵の固定に使われているのを見て、複雑な気持ちになった。もう少し、かつてここを走っていた鉄道へのリスペクトがあっても良さそうな気がする。

地形図と景色を見比べながら建設時に思いをはせる

次の琴塚駅は、県道脇にホームが残っていた。ここから線路跡は県道の拡張に活用され、しばらく姿を消す。琴塚バス停から、10時58分発の岐阜バスで先へ進もう。次の日野橋駅は完全に道路に呑み込まれてしまったが、日野南で道路が国道156号線に変わると、再び線路跡が空き地となって現れた。岩田坂駅のホーム跡を車内から見て、次の岩田で下車。バス停の横に、岩田駅のホームが残っていた。

ここからは徒歩だ。岩田駅の先から、美濃町線は4kmあまりにわたって国道から離れる。下芥見《しもあくたみ》駅はソーラーパネルが敷き詰められていたが、ホームとベンチはそのまま残る。ここで太陽光発電が行われる限り、これらの遺構は当分残りそうだ。

線路跡の横を、各務《かがみ》用水が流れている。1890（明治23）年に完成した延長約20kmの用水路で、長良川から取水し、古くから水不足に悩まされてきた各務原台地の農地を灌漑している。やがて、左に水田を見晴らす広々とした場所に出た。美濃町線は水田よりも2mほど高い位置を、各務用水はさらにそれより2m高い場所を通っている。

「スーパー地形」で地理院地図を表示させて、鉄道と用水路の関係を探ってみよう。この辺りは長良川沿いとはいえ丘陵地が多く、貴重な農地だとわかる。線路と用水路は、広い農地を巧みに避けている。水田の標高は約29m。その東端に位置する美濃町線と各務用水を境に、それより東は標高約34mだ。長良川水系の流れが作った段丘面の境なのである。各務用水は、公式サイトによれば田畑を用水路でつぶさず、標高の高いところも潅漑できるよう山際を通した。美濃町線の建設は、各務用水が完成した20年後。水田の中を通る飛騨街道沿いではなく、水路沿いのルートを選択して田畑への影響を避けたのだろう。

やがて、長良川の支流である山田川に行き当たる。鉄橋の周辺は鉄道遺構が残りやすいが、名鉄の廃線跡ではたいていきれいに撤去されている。河川は公共の土地であり、用途が終了した後は速やかに撤去する決まりだからだろう。

飛騨街道沿いの併用軌道にあった上芥見駅跡を過ぎ、美濃町線の撮影地でもあった津保川を渡るが、やはり橋梁は跡形もない。津保川右岸に渡るとソーラーパネルの列は津保川右岸を並走して白金集落に入る。踏切跡にレールが残っていた。

「美濃町線を歩いているんですか」

白金駅跡の手前で、年配の男性に話しかけられた。

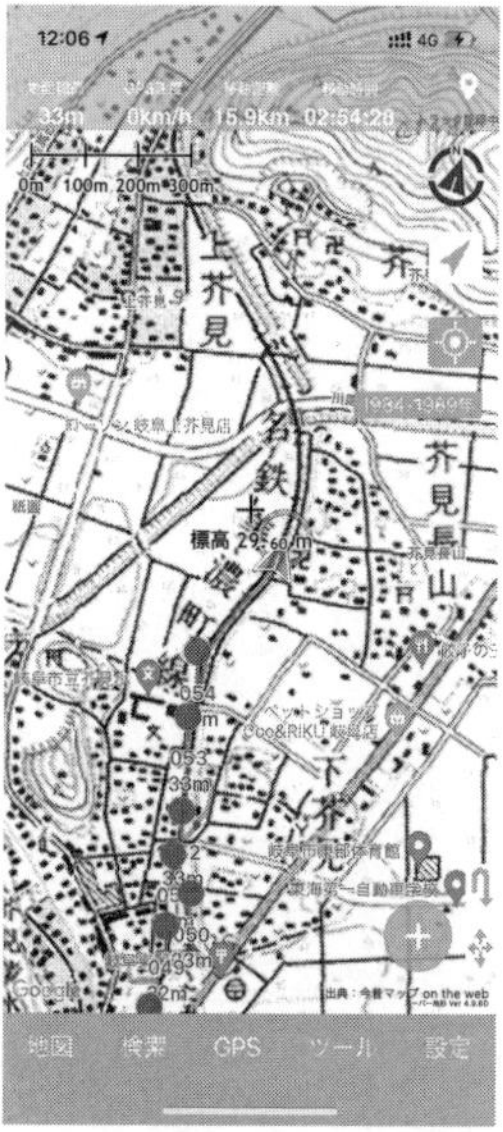

ソーラーパネルに埋もれる下芥見駅のホーム

「スーパー地形」で美濃町線が運行されていた時代の地図に現在位置を重ねて表示。線路跡が一目瞭然だ。下の写真と同じ地点

各務用水と美濃町線の廃線跡に挟まれた道を歩く。河岸段丘の段丘面にあたる

「すぐそこが、白金駅やった。私もそっちへ行くところだから、ご案内しましょう」

男性は、白金に暮らして70年になるという。

「僕は、岐阜市の高校に通っとったんでね、毎日ここから徹明町まで行って、乗り換えていたんですよ。今もあってほしかったんだけど」

鉄道はなくなっても、沿線の集落にはかつて鉄道を利用した人々が暮らしている。話しかければ、たいてい当時の思い出話を嬉しそうに教えてくれるものだ。こんな風に、話しかけられることも多く、時には家に招かれることすらある。

白金駅跡は、ホームはそのままに、太陽光発電所になっていた。

「向こうに見える小屋のあたりに、駅舎があったんですよ。どうぞゆっくり見て行ってください。お気をつけて」

男性と別れて白金駅跡を離れると、再び国道156

白金駅手前に残る踏切。唯一のレール

号線と合流する。ここから新関駅までの線路跡は国道の拡張に消えた。岩田駅跡から歩き始めて約2時間。コンビニやレストランもあり、昼食をとるにはちょうどよい。

長良川鉄道のレンタサイクルで終着駅へ

小金田バス停から14時23分発の岐阜バスで、関シティーターミナルへ移動。長良川鉄道関駅に隣接するバスターミナルだ。ここから美濃駅までは、長良川鉄道と並走していることから、1999（平成11）年に廃止された区間だ。しかし、バスなどの足がない。

そこで活用するのが、レンタサイクルだ。自転車は廃線跡巡りの行動範囲を大きく拡げる。長良川鉄道関駅にはレンタサイクルがあり、電動アシスト付き自転車を17時まで500円で利用できる。現在時刻は14時40分。美濃駅まで6・3kmを往復するにはちょうどよい時間だ。長良川鉄道の収益にも貢献できる。

3台ある自転車からシティサイクルタイプを選び、まずは美濃町線の新関駅跡へ。新関駅跡は完全に撤去されて、岐阜名鉄タクシーの営業所になっているが、その先は線路を剥がしただけの廃線跡が残っている。1999年に新関〜美濃間が廃止された際、名鉄は長良川鉄道関駅に乗り入れる300mの区間を新設した。それまでは、新関駅を発車した電車は県道２８１号の併用軌道を北上して美濃駅に向かっていたが、部分廃止後は、県道を横切って関駅に入っていた。

美濃町線関駅は、１９９９年の部分廃止から２００５年の全線廃止まで、わずか６年しか使われなかった駅だ。シンプルな停留場で、乗り場跡には今もアスファルトにレールとイエローブロックが埋め込まれたまま雑草が茂っている。

県道２８１号線を軽快に北上。「スーパー地形」に収録された古地図は、これより北はカバーしていないので、「１９７４年頃」の航空写真を参考にする。

下有知駅跡は、道路が膨らんでいるのですぐわかる。ホームだったスペースが、今

長良川鉄道のレンタサイクルは美濃町線巡りに最適

はゴミ集積場になっているのが寂しい。隣の小さな稲荷社は昔のままだ。道路脇に残る水路を渡っていた橋の跡を過ぎると、県道を離れて歩行者・自転車専用道となった専用軌道跡に入る。神光寺駅があったあたりでは、子供たちがキャッチボールをして遊んでいた。

しばらく田んぼの中を気持ちよく走ると、線路跡はもう一度県道を横断して山側に入る。バラストが残る未舗装の道となり、用水路を渡るところで、橋桁と橋脚が残っていた。桁の上に鉄板と金網をかぶせ、生活道路として使われているようだ。橋を渡ると、松森駅跡のホームが現れた。枕木もきれいに敷かれてあり、保存されているとわ

わずか6年しか使われなかった美濃町線関駅乗り場

かる。ホームの向こうの高台を、長良川鉄道の列車が通過するのが見えた。

松森～美濃間は「ちんちん電車遊歩道」と市道に整備されている。ゆっくり走り、坂を下ると、ホームに並ぶ電車たちが見えてきた。終着・美濃駅だ。

美濃駅には、1923（大正12）年に開業した当時からの駅舎とホームが今も保存され、登録有形文化財となっている。ホームには、美濃町線を走った「モ512号」「モ601号」「モ593号」の3両と、札幌市電出身の「モ876号」のカットボディが保存・展示されており、モ593号は車内にも入れる。

駅舎と車両の保存を手がけているのは、ボランティア団体の旧美濃駅保存会だ。20名ほ

生活道路になった用水路の橋梁

ボランティアの人々によって守られている美濃駅

自由に見学できる保存車両たち

どの会員が定期的に駅と車両を清掃・修繕している。活動資金は、鉄道グッズや当地出身である野口五郎関連のグッズ販売を通じてまかない、年数回は、車両の夜間ライトアップや物販イベントといった催しも行っているそうだ。そうした努力のおかげで、車両も駅舎も、まるで今も現役であるかのように美しい。

美濃駅で懐かしい時間を過ごし、関駅に戻って自転車を返却するとちょうど17時。廃線跡散策を終えるのにちょうどいい時間だ。徒歩とバス、そして自転車で美濃町線をたどると、最後には今も元気な終着駅が迎えてくれるこのルート。一日動きまわってほどよく汗をかいたところで、長良川鉄道の下り列車に乗り、所要30分のみなみ子宝温泉駅へ。駅併設の日帰り温泉で汗を流すのもおすすめだ。

第1章　廃線跡の魅力を知ろう

さまざまな楽しみ方がある廃線跡

ある鉄道が、役割を終えて運行を止める。線路は剥がされ、踏切や信号機などそれまで毎日動いていた施設がうち捨てられる。鉄道の存在は地図と時刻表から姿を消す。

それでも鉄道は、廃止されたら終わりではない。列車は走らなくなるが、その路線は多くの人の記憶に残り、記録は次世代に語り継がれる。列車が走った跡は、そのままうち捨てられることもあれば、サイクリングロードになったり住宅街になったりと、他の施設に姿を変えて活用されることもある。

過去の鉄道の痕跡をたどり、鉄道と地域の歴史に触れるのが廃線跡巡りの旅だ。その楽しみ方は、とても多岐にわたる。

①遺跡発掘に似た「発見」の喜びがある

さまざまな廃線跡巡りの楽しみ。ひとつは、昔の人々が使っていた鉄道の痕跡を見つけた時の「発見」の喜びだ。今は失われた、過去の人間の営みを遺構から知る……という点では、遺跡発掘にも似ている。

兵庫県淡路島で、1966（昭和41）年に廃止された淡路鉄道（淡路交通）の廃線跡を歩いた。線路跡は大部分が県道に転用されている。2車線道路を淡々と歩き、少し疲れてきた頃、県道が水路を渡る小さな橋を見つけた。ガードレールが、そこだけ石造りの低い欄干になっている。車なら、橋であることすら気づかないような場所だ。もしやと思って橋の下をのぞくと、淡路鉄道の特徴である石積みの橋台があった。奥にコンクリートブロックが継ぎ足されている。鉄道時代の橋梁を、廃線後に拡幅して2車線道路に転用したのだろう。淡路島の文化史料

集落に残る橋台跡。手前左に短いレールが3本見える　淡路鉄道

館でも把握されていなかった遺構で、新たな史跡を見つけたような興奮を覚えた。

数km進んだ集落には、空き地の横の小さな水路にやはり橋台が残っていた。近づいてよく見ると、橋桁を支えた支承部に短いレールが埋め込まれている。古いレールを再利用し、桁の荷重をここで受け止めていたのだ。50年前に廃止された鉄道で使われていた、古レールの切れ端。いったい、いつ製造されて、ここに埋められるまでどのように使われたのだろう。すぐ隣の函渠《かんきょ》には、「昭和12年9月」の刻印があった。この集落が戦前からあり、ここを鉄道が走っていた証だ。

森の中に眠る遺構を見つけた時も、ワクワクする。人が立ち入らない藪や非公開のトンネルなどの周辺は危険が伴うので十分な警戒が必要だが、見つけた時の喜びは大きい。

1984（昭和59）年に廃止された鹿児島県の鹿児島交通枕崎（南薩）線には、伊集院～上日置間に太田トンネルがあった。周囲は湧水が多く水浸しの藪で、とても近づけそうにない。諦めて引き返そうとすると、地元住民の男性に話しかけられた。

「南薩線のトンネルでしたら、ついこの前、中の状況を見てきたばかりで大丈夫ですよ。懐中電灯と長靴をお貸ししますから、ぜひ見てみてください」

こうして長靴に履き替え、藪を掻き分けながら足首まで沈むぬかるみを歩いて行くと、その奥にきれいな馬蹄形のトンネルが現れた。アーチは四重のレンガ積みで、大正時代によく見られた構造をよく残している。この区間が開業したのは1914（大正3）年。100年間、湧水に耐えて残ってきた遺構である。

　廃線跡巡りは、こうした発見の積み重ねが知的好奇心を刺激する。すでに書籍やネットで報告されている遺構も多数あるが、やはり実際に目で見て観察すると、新しい発見がある。

　その遺構が、生きていた時代を比較的にイメージしやすいのも廃線跡の魅力だ。古い遺跡と違って、鉄道は古くても失われてから100年そこそこで

レンガと石積みでありながら装飾が少ない大正期らしい意匠の鹿児島交通枕崎（南薩）線太田トンネル

あり、写真や資料が多く残っている。苔むしたトンネルポータルや、崩れかけたホーム跡の石積みが、現役時代の写真と一致した時には嬉しい。

鉄道に関する史料は、国会図書館や沿線の図書館を訪れれば閲覧できる。インターネットの百科事典であるウィキペディアのようなサービスもあるので、自宅にいながらでもかなりの情報を入手できる。ウィキペディアは誰でも自由に執筆・編集できるため、内容の正確さは保証されないが、趣味の下調べとしては十分な内容が期待できる。特に鉄道に関する記述は、大勢の愛好家によって詳細に記述されており、出典も多くが明示されているので、本格的に調べたい場合も情報の起点になる。

②街歩き・里山歩きの楽しみがある

シンプルに、ウォーキングとしての楽しみもある。鉄道が通っていた町は観光地とは限らない。普段の旅では立ち寄る機会のない町を、ゆっくりと訪れることができる。鉄道は坂に弱いので、勾配が緩やかな道のりであることも魅力だ。山間部に入っていく路線でも険しい道はなく、自分のペースで歩くことができる。かつての駅周辺には、今も商店があるなど現役時の面影を残しているところも多い。

生活道路として浜松市民に奥山線の歴史を伝える亀山トンネル

ホームの外枠だけが残る蒲原鉄道高松駅。線路跡のあぜ道をのんびり歩ける

遠州鉄道奥山線は、静岡県浜松市の遠鉄浜松駅と、引佐町（現・浜松市北区）の奥山駅とを結んでいた25・7㎞の軽便鉄道だ。浜松城公園の北側から約3㎞の線路跡が遊歩道となっており、奥山線現役時代の写真が展示されたトンネルを歩くこともできる。遊歩道周辺には、地元の高校生に愛されるお好み焼き屋やカフェ、あるいは徳川軍が武田軍に一矢報いた犀ヶ崖《さいががけ》古戦場など、普通の鉄道旅や観光旅行ではなかなか立ち寄れないスポットもたくさんある。スマートフォンで、後述する古地図や昔の航空写真を見ながら歩けば、町の盛衰も感じながら散策できるだろう。

適度に歩いたところで奥山線の代替交通である遠鉄バス金指・奥山行きに乗って金指まで行けば、天竜浜名湖鉄道を跨いでいた陸橋や岡地駅のホームなどを見て、線路跡の道を奥山まで歩ける。途中には奥山線の車両のレプリカを展示した観光鍾乳洞・竜ヶ岩洞《りゅうがしどう》もあり、金指から10㎞ほどの緩やかなウォーキングを楽しめる。

新潟県の信越本線加茂駅と磐越西線五泉駅とを結んでいた蒲原《かんばら》鉄道も、ウォーキングに適した廃線跡だ。五泉市側の大蒲原〜村松〜五泉間はほとんどが道路に転用された一方、加茂市側の加茂〜高松間は線路跡があぜ道や築堤の切れ端となって残っている。

もっとも、藪になっているような線路跡は足もとが見えず危険なので、道路化している場所以外は直接線路跡を歩かないようにしたい。周囲の道路を歩いて踏切跡などから線路跡を眺めるのが基本だ。

③鉄道だけでなく、その地域の歴史もわかる

廃線跡を巡り、調べることでわかるのは、その鉄道の歴史ばかりではない。沿線地域の歴史と文化も知ることができる。廃線跡を歩いて、かつてその鉄道から見られた車窓風景を楽しみ、トンネルや橋脚の痕跡を見ては、そこを鉄道が走っていたシーンを想像する。どうしてここを列車が走っていたのだろう。なぜ、今は消えてしまったのか。そんな素朴な疑問が、訪れた町を知るきっかけになる。

地域にとっても、失われた鉄道は町の歴史の語りべだ。「○○町の歴史」では関心を持たれにくいが、「××鉄道と町の歴史」とすれば、より多くの人の興味を引く。

廃線跡を訪れたら、沿線自治体の郷土資料館にも立ち寄るとさらに楽しい。過去に鉄道が走っていた町の郷土資料館には、たいてい鉄道に関する資料が収蔵されている。郷土資料館がなければ、図書館でもよい。その鉄道の歴史や、駅名標、きっぷ、住民の証言といった史料や郷土出版書籍をじっくり見てから廃線跡をたどると、より現実感をもって鉄道を

レールファンが丹念にまとめた資料を公開した塩江町歴史資料館

北海道の知内町郷土資料館は国鉄松前線の展示が充実している

偲べるうえ、なぜここを鉄道が走っていたのか、何を運んでいたのか理解しやすい。

戦前、香川県に塩江温泉鉄道という私鉄が走っていた。高松琴平電鉄琴平線の仏生山駅と、高松の奥座敷ともいわれる塩江温泉郷の塩江駅とを結んでいた16・1kmの路線だ。しかし、日本が戦争に向かう時代にあって、温泉アクセス鉄道は不要不急路線と見なされ、1941（昭和16）年に開業からわずか12年で廃止されてしまった。

高松市中原にある旧安原小学校の教室を利用した塩江町歴史資料館には、常設展示のひとつに「塩江温泉鉄道（ガソリンカー）資料コーナー」がある。小さな資料館だが、鉄道コーナーは人気が高い。スタッフは「地元の小学生に、地域の歴史を語り聞かせることがあるんです。普通の昔話では、みんなすぐ飽きてしまうんですが、この町には鉄道が走っていたんだよ、と言うと、とても興味をもって聞いてくれます」と語っていた。塩江温泉鉄道が走っていた期間はわずか12年、廃止からすでに70年が経過しているが、今も地域の歴史を語りつぐ役割を果たしているのだ。

④人との出会いがある

人との出会いがあるのも、廃線跡巡りの面白いところだ。鉄道は、沿線に暮らす人々にとって大切な思い出であり、地元の人に「ここは○○鉄道の跡ですよね」と話しかけると、たいてい嬉しそうに思い出話を聞かせてくれる。逆に、地元の人から話しかけられることもある。

「尾小屋鉄道の跡を歩いているんですか」

2014（平成26）年に石川県小松市の尾小屋鉄道跡を観察した時には、築堤を見ていると突然背後から声をかけられた。ふり返ると、農作業姿の男性が立っている。

「僕の父親は、尾小屋鉄道の最終列車の運転士を務めたんですよ」

その男性、太田稔さんは、水田で雑草刈りをしていてふと顔を上げた瞬間、たまたま線路跡を眺めている筆者が目に入ったという。その日の午後は、太田さんにたくさんの史料を見せていただき、尾小屋鉄道の廃線跡を案内してもらった。それが縁となって、今もお付き合いが続いている。

尾小屋の一件はレアケースかもしれないが、廃線跡巡りではこうした出会いが少なくない。プライバシーが重視されるようになった現代は、旅先で現地の人と触れあう機会が少なくなった。散歩をしている年配の方や、老舗の飲食店に入ったら、鉄道について聞いてみると思わぬ話を聞けることがある。もちろん、見知らぬ人と話すのが負担になる人なら、

尾小屋鉄道では偶然出会った人に一日案内していただいた。沢駅跡

自治体と保存会が一体となって保存をしているくりはら田園鉄道旧若柳駅

誰にも話しかけず一人静かに廃線跡を観察することも自由だ。

失われた鉄道の保存・伝承活動をしている人・団体も数多い。宮城県のくりはら田園鉄道旧若柳駅では、地元有志と自治体が駅と車両の動態保存を行っている。駅前には、立派な展示施設「くりでんミュージアム」もオープンした。福島県の旧国鉄日中線跡では、起点の喜多方駅から終点の熱塩駅まで、線路跡の道にしだれ桜を植樹しようという「日中線しだれ桜プロジェクト」が進行している。廃線跡を訪れ、こうした保存・伝承活動に触れると、地域の人々と交流しながら昔日の鉄道を体験することができる。

⑤探検気分を味わえる

さらには、安全に探検気分も味わえる。廃線跡巡りをする人の中には、薮に埋もれて状況不明の軌道跡や、崩れかけたトンネルに危険を顧みずに入っていく人もいるが、それは完全に自己責任。そんなことをしなくても、ちょっとした非日常の探検気分を味わえるスポットはたくさんある。

1985（昭和60）年に廃止された、鳥取県の旧国鉄倉吉線は、いくつもの区間にレールが残されており、トンネルを除いていつでも自由に散策できる。ホームとレプリカの駅

幽玄な気分を味わえる倉吉線の廃線跡

高千穂鉄道深角駅は今も地元の人々が守っている。鉄橋も撤去を免れた

名標がある旧泰久寺駅から歩き始めると、竹林の中に線路が延び、その真ん中に立派な竹が生えた幻想的な光景に出会える。廃線跡は、倉吉観光ＭＩＣＥ協会が維持・管理しており、安全に散策を楽しめるのだ。トンネル内にも立ち入れる「廃線跡ウォーキングオープンデー」も定期的に開催されている。

宮崎県の延岡駅と、高千穂駅とを結んでいた高千穂鉄道の旧深角駅。トンネルと橋梁に挟まれた五ヶ瀬川沿いの谷にあり、国道２１８号線からすれ違い困難な未舗装道路を降りていく。こんなところに本当に駅があったのだろうかと不安になってくる頃、木々に囲まれた広場に眠る、小さな駅にたどり着く。住民の方が管理しており、ホームと待合室、そしてレールも残っている。春は満開の桜に包まれる幻想的なスポットだ。レールは終点の高千穂駅まで今もつながっており、地元では現在手前の高千穂橋梁まで運行されている観光用スーパーカート（軌道自動車）を、深角トンネルを越えてこの駅まで延伸する構想がある。ただし、同じ高千穂鉄道でも、隣の影待駅は、駅に至る道が完全に廃道となっていて危険だ。無理をせず、立入禁止の場所や状況不明の場所には不用意に立ち入らない。そうした最低限のルールを守れば、誰でも非日常の秘境探検を楽しめる。

⑥インターネットを使って自宅で探索できる

　歴史、人、風景、秘境感など、さまざまな楽しみ方がある廃線跡巡り。それに加えて、今は現地を訪れなくても楽しむ方法も増えてきた。インターネットを活用したオンライン廃線跡巡りだ。ひとつは、これまでに訪れた廃線跡を詳細にレポートし、廃線跡巡りを追体験させてくれる個人サイトなどやＹｏｕＴｕｂｅを見ること。個人でも相当深く研究している人が多くいて興味深い。

　そして近年、急速な進化を遂げているのが、国土地理院の「地理院地図」をはじめとする地理情報システムだ。明治時代から現在までの地図や航空写真を、位置情報とともに見られるシステムで、自宅に居ながら今は亡き鉄

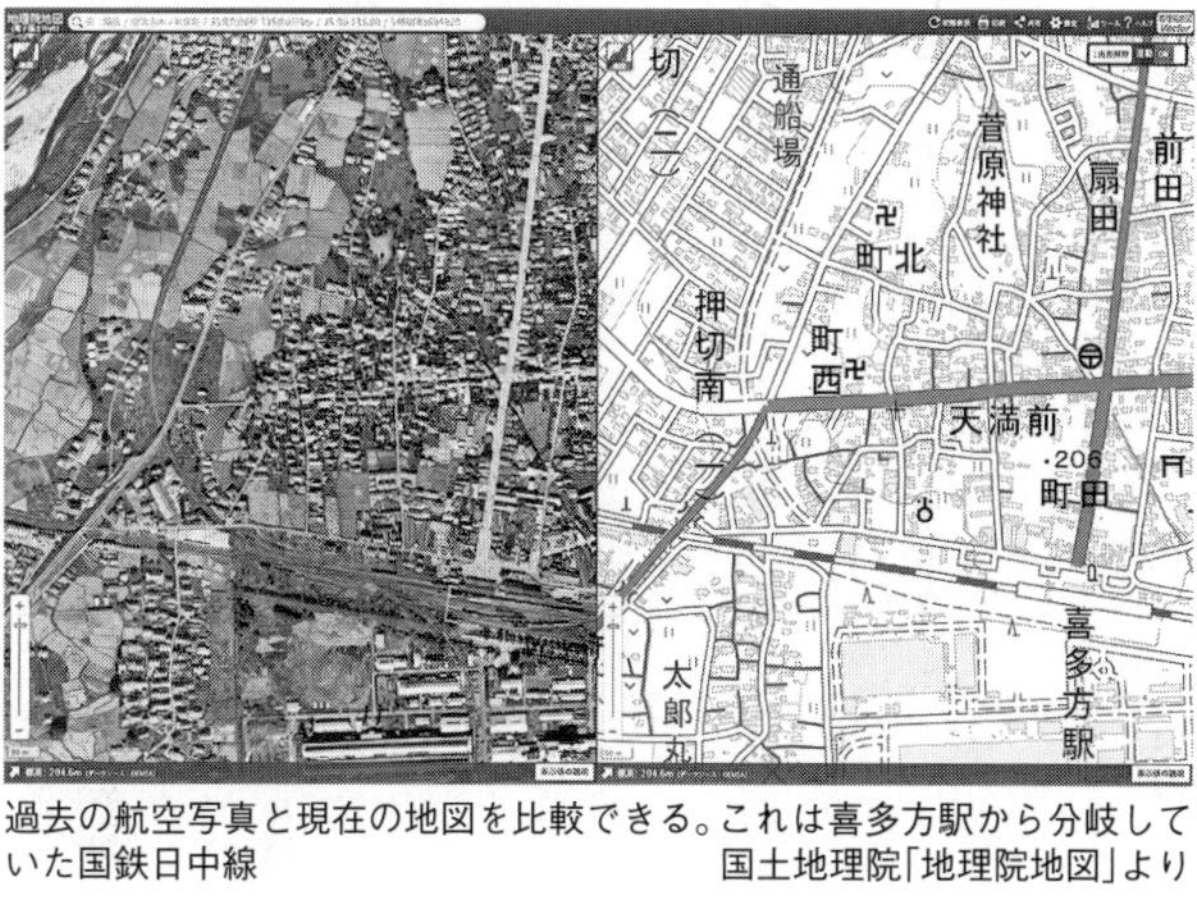

過去の航空写真と現在の地図を比較できる。これは喜多方駅から分岐していた国鉄日中線　国土地理院「地理院地図」より

道の正確なルートを確認できる。

生活に欠かせないツールとなったグーグルマップも便利だ。360度ビューの写真を閲覧できるストリートビューは、全国の林道までも網羅し、意外なほど奥地まで入っていける。車が入っていけない場所でも、見どころにはユーザーがアップロードした360度画像が公開されていることが多く、森の中に眠る鉄道遺構を写真で見られることもある。

これらの楽しみ方について詳しくは2章でガイドしたい。

廃線跡にはさまざまなタイプがある

一口に廃線跡といっても、さまざまなタイプがある。地域の産業を支え、十分に役割を果たした後に廃止された路線と、志半ばで途切れた路線、あるいは線路付替などによって鉄道そのものは生きている区間など……。タイプごとに廃線跡の雰囲気も異なる。

旧国鉄・JRの廃止路線

旧国鉄の廃止路線は、国鉄改革の一環として廃止されたローカル線が多くを占める。

１９８０年代に、国鉄再建法に基づいて廃止された特定地方交通線と、それ以前に廃止された路線がある。特定地方交通線として廃止・バス転換された国鉄・ＪＲ線は全部で45路線。国の施策として廃止された路線ということもあり、施設が完全に撤去されて「原状復帰」した路線や、ほぼ全線にわたって県道や国道バイパスなどに転用された路線も多い。

元特定地方交通線の沿線には１km あたり最高３０００万円の転換交付金が自治体に支払われており、主要駅跡が立派なバスターミナルになったり、一部の駅を記念施設として保存・公開したりといったケースもある。

近代化遺産に登録されている国鉄宮原線幸野川橋梁

北海道や九州の、極端に沿線人口が少ない路線は道路に転用されず、線路跡が残っている場合もあるが、多くは立ち入り困難な森林などに還っている。熊などの野生動物と遭遇する危険性もあるので、探索には十分な経験と注意が必要だ。

大分県九重町の恵良駅と、熊本県小国町の肥後小国駅を結んでいた宮原線は、典型的な国鉄ローカル線だ。行き止まりの盲腸線、地域住民の往来が減る県境越え、ほぼ全線が人口希薄地帯という悪条件が揃い、九州における国鉄再建法による廃止路線第1号として1984（昭和59）年11月30日限りで廃止された。大分県側の線路跡は、国道387号線や別荘地へのアクセス道路に姿を変えたが、熊本県側の北里～肥後小国間はマウンテンバイクコースとなった後、遊歩道として開放されている。幸野川橋梁など、戦時期に建設され近代化遺産にも登録されたコンクリート橋梁を徒歩で渡ることが可能だ。

線路の付け替えによる旧線

旧線とは、線路の付け替えや新トンネルの開通などによって、列車が走らなくなった廃線跡だ。現役線と隣接している区間は、そのまま放置されているケースが多かったが、海沿い、渓谷沿いなどの風光明媚な区間も多く、遊歩道やサイクリングロードとして再整備されている例がある。路線自体は廃止になっていないので悲壮感は少ない。

中央本線高蔵寺～多治見間の庄内川に沿って走る区間は、１９６６（昭和41）年に新線に付け替えられ、13のトンネルを含む約８kmの旧線が廃止となったが、そのうち愛知県側の４つのトンネルについては、ＮＰＯ法人の愛岐トンネル群保存再生委員会が管理し、年数回公開されている。公開時には鉄道ファンだけでなく、多くのハイカーが訪れ、明治時代に建設されたレンガ造りのトンネルを歩き昔日の鉄道の文化を楽しんでいる。

新潟県上越市の虫生岩戸《むしゅういわと》から糸魚川市中《なか》宿《しゅく》までの約32kmは、１９６９（昭和44）

常磐線には電化時に放棄された明治生まれのトンネルが多数残る。これは双葉～浪江間の小高瀬トンネル

年に廃止された北陸本線（現・えちごトキめき鉄道日本海ひすいライン）の旧線が、自転車・歩行者専用道の久比岐《くびき》自転車道として通年公開されている。途中には、レンガ造りのトンネルや橋台、土留などが鉄道時代の姿のまま残されており、日本海の絶景を眺めながらサイクリングを楽しめる。

福知山線生瀬～武田尾間の旧線跡を活用したハイキングコースも有名だ。１９８６（昭和61）年に新線へ切り替えられた後、立入禁止となっていた旧線跡を歩くハイカーが絶えず、２０１６（平成28）年に安全対策を施して正式なハイキングコースとなったもの。石積みのトンネルや、ワーレントラス橋の第二武庫川橋梁を渡り、武庫川沿いの歴史散策を楽しめる。

ローカル私鉄

乗客の減少や産業構造の変化から廃止された私鉄は、廃止から年月を経ても遺構が残りやすい。国鉄やＪＲほど経営体力がなく、廃止後、資金を投じて施設を完全に撤去する余裕もないケースがあるからだ。大手私鉄の廃止路線は、土地資産として売却が検討されるが、細長い土地で用途が限られるためなかなか売却先が決まらず、長期間撤去されずに残っているところもある。地域の人々が努力して敷設された鉄道が多く、相当昔に廃止された路線でも車両がきれいに保存されていたり、沿線の住民から鉄道が現役時代の話を聞けたりと、廃線跡巡りには好適だ。ただし、長期間放置されたがために崩落、廃道化して危険なところもあるので、慎重な行動が必要だ。

前述の蒲原鉄道も、そうした私鉄のひとつだ。１９８５（昭和60）年から１９９９（平成11）年まで終着駅だった村松駅跡は今もバスターミナルとして使われ、駅建屋には「村松駅」と書かれている。冬鳥越駅があった冬鳥越

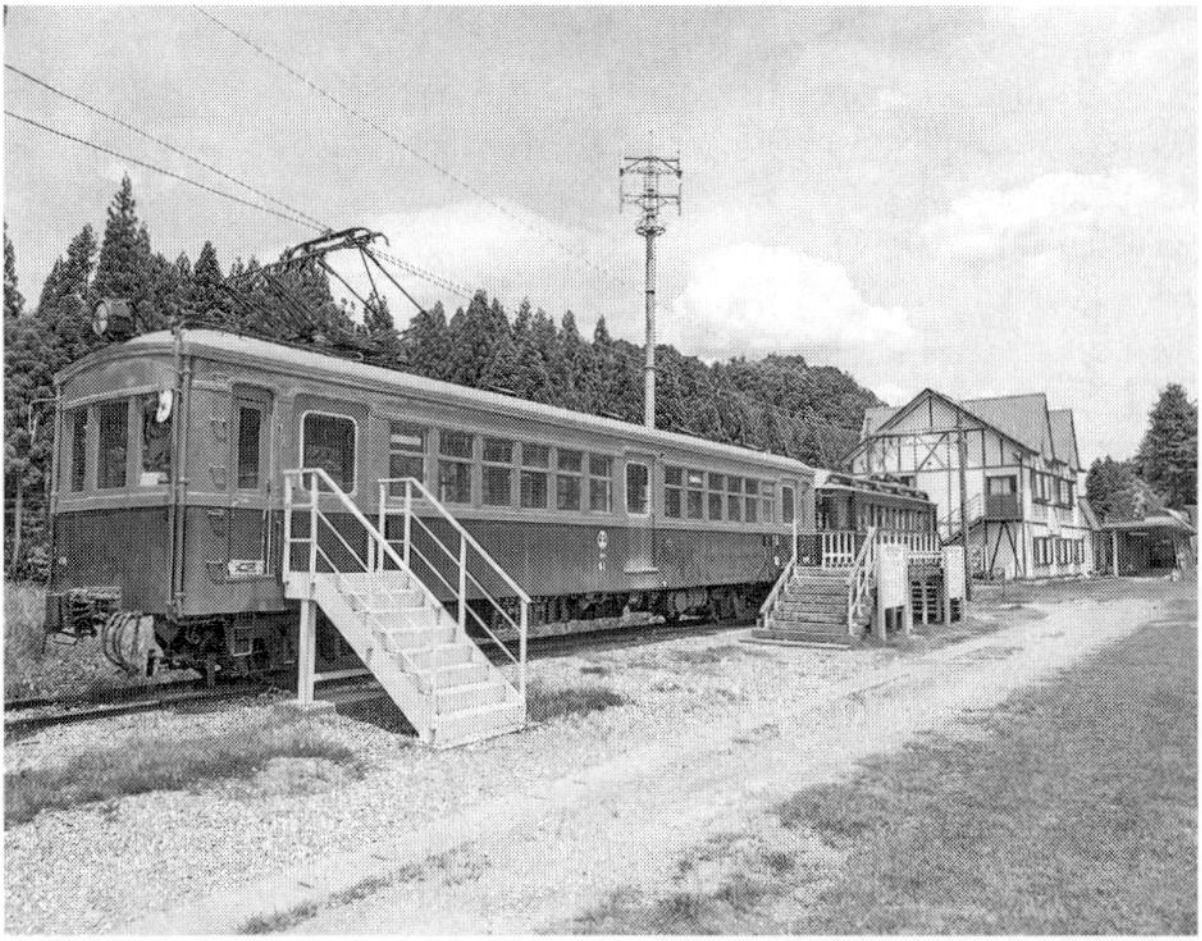

冬鳥越スキーガーデンに保存されている蒲原鉄道の車両たち。生きていた時代の姿を残すためあえて屋根をつけず毎年メンテナンスしている

スキーガーデンには、蒲原鉄道の電車2両と機関車が加茂市によって保存されているほか、高松駅跡や七谷駅跡には、ホームが残っている。愛されながらも役割を終えたローカル私鉄の歴史を感じられる路線だ。

専用線・森林鉄道

貨物線や米軍基地の引込線、森林鉄道など、時刻表には掲載されていなかった路線の廃線跡もある。旅客の利用が少なかったので、沿線住民に思い入れが少なく、むしろ負の遺産と認識されているケースも多い。団地の中や住宅街の真ん中に、突然数mだけレールが現れることもあり、意外性は抜群だ。

米軍基地専用線の跡として有名な廃線跡に、相模鉄道相模大塚〜さがみ野間から分岐していた米軍厚木基地専用線がある。旧海軍時代から存在し、戦後は米軍が管理してジェット燃料の輸送などに使われていたが、１９９８（平成10）年以降休止状態となり、約20年にわたって、線路も架線も残されていた。しかし、２０１７（平成29）年に施設の日本返還が決まると、２０２１（令和3）年春に線路と架線が撤去されて、一部では住宅の建設が始まった。今後は、住宅の並びに鉄道の面影を感じる廃線跡となりそうだ。グーグルストリートビューなら、2011（平成23）年からの変遷を観察できる。

一方、林業などで使われていた森林鉄道の跡は、今では人が滅多に立ち入らない山間部にあることが多く、林道に転用された区間以外は難易度が高い。崩落していることも多く、命の危険を伴うこともあるので、林道として整備された区間以外はむやみに立ち入らない方がよい。

未成線

未成線とは、本来は計画や構想がありながら完成していない路線全体を指す言葉で、未着工の路線を含む。しかし廃線跡巡りの世界では、主に途中まで建設が

東名高速道路をまたいでいた旧厚木基地専用線の陸橋は線路が撤去され鉄道らしさが失われた

進められながら、社会情勢の変化などにより開業することなく放棄された施設跡を指す。代表的な例が、名古屋地区の物流ルートとしてほぼ完成しながら、国鉄の財政危機や物流構造の変化によって中止されてしまった南方貨物線だ。巨額を投じて建設されながら、一度も使命を果たすことなく放棄された構造物には悲壮感が漂う。

近年は、ウォーキングコースとして整備された栃木県茂木町の長倉線跡や、「とことこトレイン」と呼ばれる観光トロッコ遊覧車が運行される山口県の岩日線未成区間跡など、「幻の鉄道」として町おこしに活用されるケースも増えている。実際に列車が走ったことがないぶん、より想像力をかき立てられる廃線跡だ。

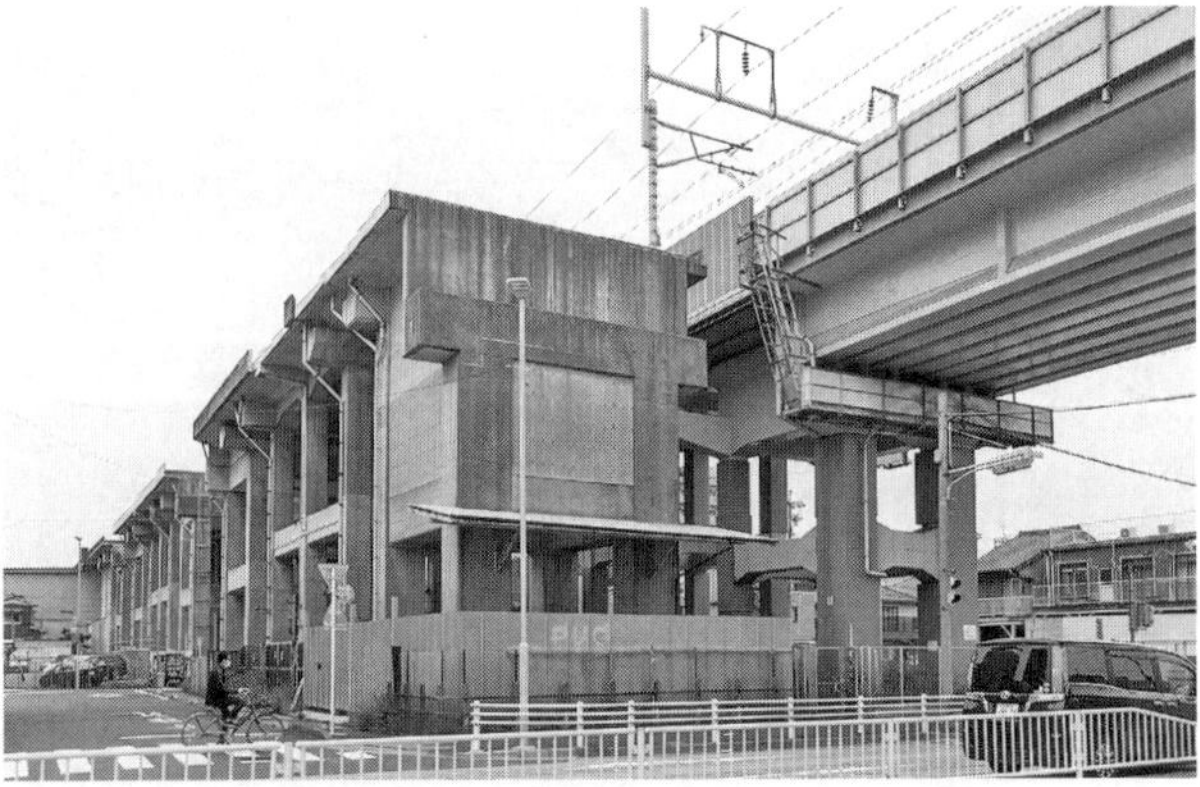

東海道新幹線に沿って放棄された高架線が並ぶ南方貨物線跡

第2章

地理情報システムでオンライン廃線跡探訪へ

自宅でもできる廃線跡巡り

鉄道跡を実際に訪れ、探検するのが廃線跡巡りの醍醐味だが、いまはインターネット上の地理情報システムを利用して、ＰＣやスマホなどから昔の鉄道の跡を「探索」できる。地理情報システムとは、ＧＩＳ（Geographic Information System）ともいい、電子地図上に位置や標高、道路、線路、土地の利用法、地質などさまざまな情報を重ね、編集・検索・分析などができるシステムのこと。地形図や航空写真を見ながら、クリックするだけでその場所の標高を調べたり、過去と現在の地図を比較できたりする。私たちが日常的に使っているグーグルマップも、ＧＩＳの一種だ。

ＧＩＳを使えば、すぐには出かけられない時でも、自宅で廃線跡巡りを楽しめる。それも、グーグルマップを見てなんとなく想像するというレベルではなく、遺構がどこにどのように残っているのか、鉄道がどう変遷してきたかなど、かなり具体的な探索が可能だ。自宅で探索しておけば、あとで実際に現地を訪れたくなった時も大いに役立つ。

用意するものは、インターネットに接続されたＰＣかタブレット端末、スマートフォンだけ。現地に訪れる時はスマートフォンが便利だが、自宅で楽しむならできれば画面の大きなＰＣかタブレットがいい。

ここからは、自宅で廃線跡巡りを楽しめる地理情報サービスをいくつか紹介したい。文章中心なので説明が難しいけれど、実際にＰＣやスマホを操作しながら読めるよう工夫してみた。操作はＰＣを前提に書いているが、スマホならＱＲコードからアクセスできる。

廃線跡も確認できる

グーグルマップ&ストリートビュー

インターネットの地図サービスといえば、グーグルマップが有名だ。ＰＣやスマートフォン上で、地図や航空写真、等高線付きの地形図などを見られる。

グーグルマップで廃線跡を見るには、航空写真モードが基本となる。グーグルマップにアクセスしたら、画面左側の「レイヤ」ボタンを押して、航空写真モードにしよう。頻繁に更新される航空写真モードは画質が高く、通常の地図には表示されない線路の痕跡をはっきり確認できる。今は住宅に転用された廃線跡も、線路跡上の建物だけ周囲とは建物の方向が異なるなど路線の形を残している場合がある。線路跡が完全に整地されて、農地となったようなところも、土の色や防風林の切れ目などからルートを追えることがある。

左ページの写真は、ＪＲ中央本線西八王子〜高尾間の、南浅川沿いの航空写真だ。グーグルマップで「甲州街道 並木町」で検索すれば、この付近が表示される。画面右下を通っているのがＪＲ中央線。中央の南浅川から、左上に向かって二列の住宅の列がのびている。これは、１９３１（昭和６）年に開業し、太平洋戦争末期の１９４５（昭和20）年に休止となった、京王電気軌道御陵線の廃線跡だ。現在の京王電鉄北野駅と、大正天皇が埋葬された多摩陵に近い多摩御陵前駅までを結んでいた路線である。写真右下の、中央線をくぐっている道路（山田町並木線）も同線の廃線跡

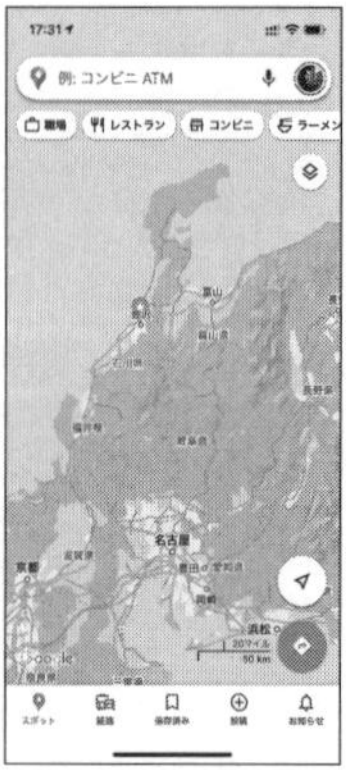

©Google

Google Maps
ストリートビュー

https://www.google.co.jp/maps/

Googleが提供する地図サービス。360度の写真を閲覧できるストリートビューが充実しており、2012年頃までさかのぼって過去の風景を見られる場所も多い。

で、甲州街道との交差点から南浅川を渡って、住宅の列となった廃線跡につながっていた。よく見ると、甲州街道の交差点横の建物も、線路跡の敷地に沿って斜めに建っている。今から70年以上前に、事実上廃止された鉄道も、現代にこれだけの痕跡を残している。

オンライン廃線巡りに欠かせない、もうひとつの機能がストリートビューだ。道路上から、360度ビューの写真を閲覧できるストリートビューは、現在では全国津々浦々の道路をカバーしており、ほとんど人が足を踏み入れないような細い林道まで、自宅のPC上で高解像度の景色を閲覧できる。

ストリートビューを表示させるには、グーグルマップの右下に表示される黄色い人形ア

西八王子付近の航空写真　中央から左上に向かって家の列がある
©Google

京王御陵線の橋脚跡がストリートビュー上で見られる　©Google

こちらが実際に現地を訪れて撮った写真。ストリートビューと同じ光景

イコンにマウスポインタを合わせて左ボタンを押し、そのまま見たい地点に移してボタンを離せばよい。人形アイコンをつかんで動かした時に表示される青いラインが、ストリートビューがある場所だ。

先ほどの、京王御陵線の跡をストリートビューで見てみよう。人形アイコンをマウスでつかみ、南浅川から住宅街の列に入った辺りの道路にアイコンを落とす。

すると、住宅街の中にコンクリートの橋脚が移った写真が現れた。多少場所がずれているかもしれないので、マウスで画面をつかんでグリグリと動かしてみよう。このコンクリート橋脚こそ、京王御陵線の遺構だ。

画面右下には、撮影日が表示されている。この記事の執筆時点では、2020（令和2）年11月とある。画面左上には白い文字で「ストリートビュー」と書かれており、その左に時計のマークがある。これをクリックすると、同じ場所の過去に撮影されたストリートビューが見られる。京王御陵線跡の最も古い写真は2011（平成23）年3月撮影のものだ。この場所は、この10年ほとんど変化がなかったようだが、場所によっては、線路が撤去され、遊歩道や住宅に変わっていく様子を観察できることもある。

62ページの写真は、栃木県大田原市に残る、東野《とうや》鉄道が箒《ほうき》川を渡っていた橋台跡だ。マップ上で「箒川橋台跡」と検索すれば、すぐにたどり着ける。東野鉄道は東北本線西那須野駅と那須小川駅とを結んでいた私鉄だが、黒羽〜那須小川間は1939（昭和14）年に廃止された。箒川橋台跡もこの時廃止された区間にある。すでに廃止から80年あまりが経過しているが、現在も道路脇に残り、塩原ダムのダム放流警報装置を載せる台として使われていることがストリートビューから確認できる。

ストリートビューは、原則として自動車で撮影されるため、放棄されたままの線路敷やサイクリングロード化された廃線跡はめったにカバーしないが、線路跡と交差する道路から現在の様子を確認できる。

旧東野鉄道の箒川橋梁橋台跡。ストリートビューは画像が鮮明で橋台の状況も観察できる　©Google

全国の地形図と昔の航空写真を見られる「地理院地図」

箒川橋台跡は、有志がグーグルマップ上で史跡として登録したのですぐに検索できるが、通常は目的の廃線跡がどこをどう通っていたのか知らないと見つけられない。そこで使用するのが、国土地理院の「地理院地図」をはじめとする地理情報システムだ。

「地理院地図」は、国土地理院が提供している地理情報システムで、日本全国の地形図や、土地利用図・火山基本図などの主題図、そして現在と過去の航空写真（空中写真）を閲覧・利用できるサービスだ。地図や写真はすべて位置情報をもっており、重ねて表示できる。航空写真は、地域にもよるが昭和戦前期から現代までに

地理院地図

https://maps.gsi.go.jp/

最新の気象災害による浸水地域など、リアルタイムの情報が更新されていく地理院地図。スマートフォンではホーム画面にアイコンを置くとアプリのように扱える。

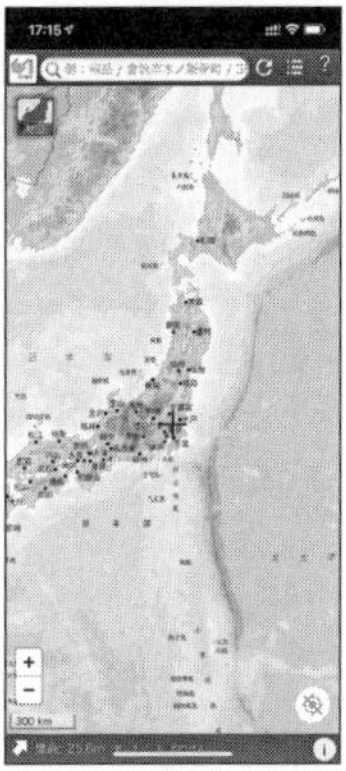

国土地理院「地理院地図」

撮影されたものが一通り公開されており、最新の地形図と過去の航空写真を重ねたり、切り替えたりして表示できるのだ。特に、1974（昭和49）年から1978（昭和53）年に撮影された航空写真は全国を網羅している。つまり、1970年代以降に廃止された鉄道路線であれば、現役時代の線路の様子を鮮明な航空写真で閲覧でき、同じ場所の現在の状況も航空写真と地形図で確認できるのだ。今は整地されてどこを線路が通っていたのかわからないような場所でも、「地理院地図」を使えばほぼ確実にルートを特定できる。1960年代の航空写真も全国の大部分をカバーしているほか、戦前に廃止されたような路線でも、1970年代までは痕跡が残っていたケースが多いので、昭和以降に廃止された鉄道ならほとんど探索が可能である。

日本の鉄道最高地点へ行ってみよう

実際に「地理院地図」を使って、現在の鉄道を見てみよう。スマホを使う人は、「クリック」を「タップ」と読み替えていただきたい。「地理院地図」に初めてアクセスすると、日本列島を中心としたアジアの地図が表示される。どこか別の場所が表示された場合は、画面右上の「初期表示」（スマホは左上の「Ｍａｐｓ」と書かれた白いアイコン）をクリック。これが「地理院地図」の「標準地図」だ。画面の真ん中にある「＋」は中心十字線といい、地図の中心を表す。初期画面では、茨城県つくば市にある国土地理院付近を示している。画面左下にあるスライダーを動かすか、マウスホイールを回転させると、地図を拡大・縮小できる。スマホやタブレットなら、ピンチイン、ピンチアウトだ。

画面左上の「地図」と書かれたアイコンをクリックすると、「地図の種類」メニューが表示される。上部に、「標準地図」「淡色地図」「白地図」「写真」などと書かれたアイコンがある。「標準地図」が基本的な地形図で、「淡色地図」は色の少ないシンプルな地図、「写真」は国土地理院が所有する最新の空中写真が表示される。好みの地図をクリックすると、左下の「選択中の地図」に表示される。

画面左下、スライダーの下にある「標高」と書かれた数字は、中心十字線の標高だ。地図上の適当な場所をクリックし、ボタンを押したままマウスを動かすと、地図の表示範囲を移動することができる。西へ移動し、山梨県の野辺山駅付近を表示させてみよう。画面上部の検索窓に、「野辺山駅」と入力してエンターキーを押してもいい。検索結果が表示されるので、「野辺山駅」をクリックしよう。検索結果は右上の「×」をクリックすれば消せる。

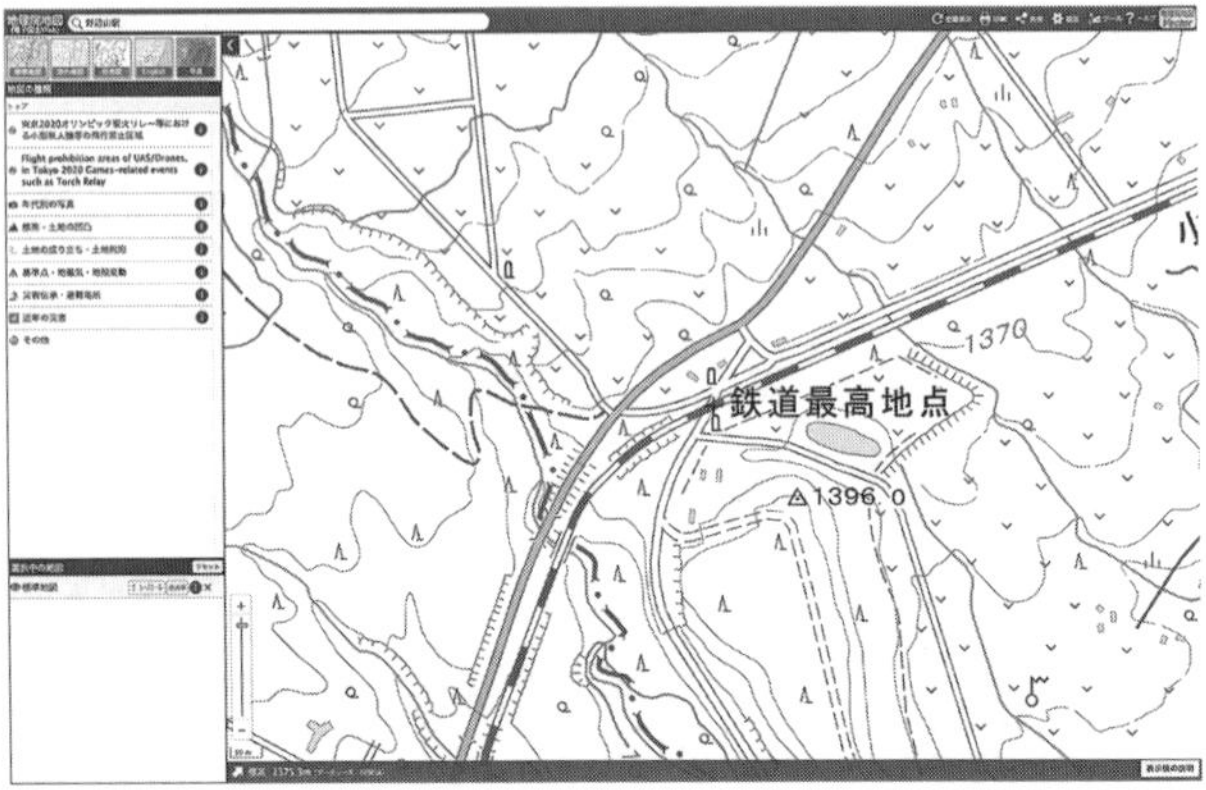

清里～野辺山間の鉄道最高地点を表示。10㎝単位の正確な標高が表示される
国土地理院「地理院地図」

同じ場所の実際の写真。踏切の向こうは少し坂になっている。標高データがどうなっているか確かめてみよう

さて、野辺山駅から線路に沿って南西に移動すると、「鉄道最高地点」と書かれた場所が見えてくる。ここは、ＪＲで最も標高が高い地点。現地へ行くと踏切脇に標柱があり、「標高一、三七五ｍ」と書かれている。

中心十字線を、「鉄道最高地点」と書かれた左側、道路と線路が交差する位置に合わせてみよう。左下の標高に、現地の標柱と同じ「１３７５・３ｍ」と表示された。「地理院地図」の標高データが、正確であることがわかる。

廃線跡を「地理院地図」でたどる実践方法

今度は、千葉県のＪＲ東金線東金駅付近を表示させてみよう。画面上の検索窓に「東金駅」と入力してエンターキーを押し、東金駅を選択する。

東金駅周辺の地図が表示されたら「地図の種類」メニューから、「年代別の写真」をクリックし、ずらりと表示された年代から「１９６１年～１９６９年」を選択すると、１９６０年代に撮影された、東金駅付近の航空写真が表示される。

写真を拡大して東金駅の東側を見ると、南東へカーブを描いて分岐する線がある。１９６１（昭和36）年2月に廃止された、九十九里鐵道の軌道だ。東金～上総片貝間を結んでいた8・6kmの私鉄で、夏には海水浴客で賑わった。最後まで昭和初期のガソリンカーが走り、運転台が片側にしかないので、小さな人力の転車台で方向を変えていたという。東京から60kmほどの鉄道とは思えない、のどかなローカル私鉄だった。

九十九里鐵道が廃止されたのは1961年2月だから、空中写真に写っている軌道は、廃止直後のものだろう。マウス（スマホなら指）で画面をドラッグすると、九十九里鐵道の軌道を追える。

画面左下の「選択中の地図」は、これまでに表示させた地図が表示されている。今は、「1961年～1969年」と「標準地図」が表示されているはず。上位に表示されてい

1960年代の東金駅付近。東金駅から南東方向へ分岐する九十九里鐵道の線路が見える
国土地理院「地理院地図」

る図ほど上に重ねられている。淡い水色で表示されているのは、現在表示されているという意味で、クリックすると、表示のオンオフが切り替わる。合成ボタンをクリックすると、下の地図と合成され、透過率を調整したり、マウスでドラッグして重なりの順序を変えたりすることもできる。

「1961〜1969年」が上、標準地図が下にある状態で「合成」をクリックし、駅東側を拡大すると、九十九里鐵道が分岐していく地点が、現在の標準地図に重なって表示される。現在の東金税務署と山武保健所の間を通って、南東へ向かっている。線路は現在の用水路と重なり、用水路が川に突き当たるとその先は道路になっているということまで調べられる。

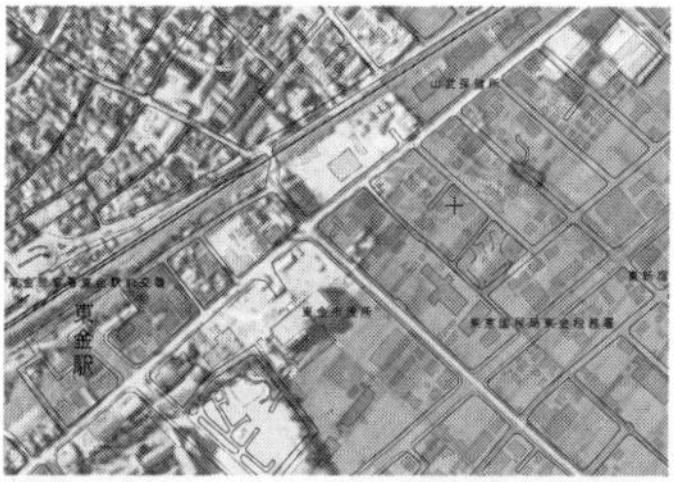

地図と写真を合成 国土地理院「地理院地図」

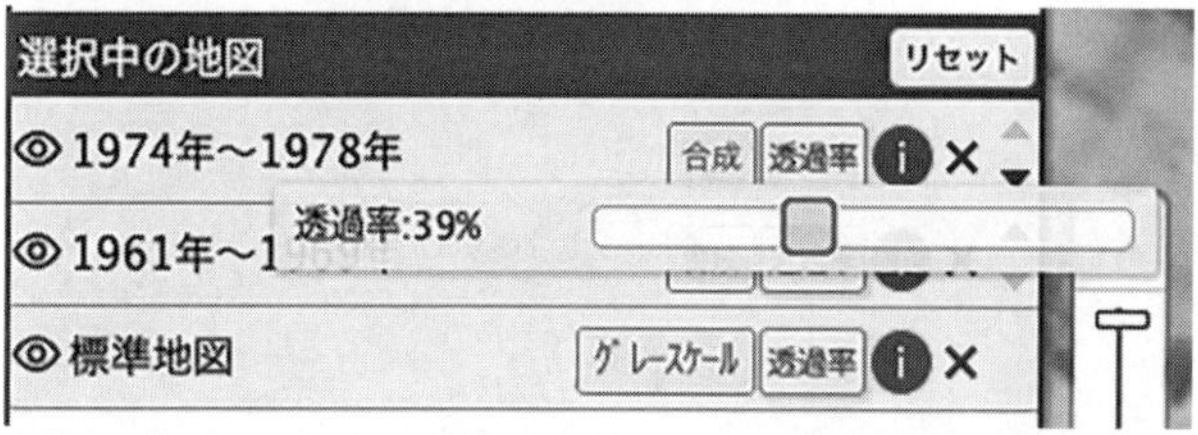

選択中の地図は重なりの順序を入れ替えたり、透過率を変えたりできる
国土地理院「地理院地図」

グーグルマップで河川名や道路名を確認

今度はグーグルマップを開き、同じ東金周辺の航空写真を表示してみよう。廃線跡の水路が流れ込む川は真亀川で、その先の線路跡は「軌道道」と表示されている。真亀川のすぐ南には、「九十九里鉄道 橋台跡」の史跡表示もある。

そのまま地図を移動させて「軌道道」を追いかけると、いかにも鉄道らしい緩やかなカーブを描いて海岸へ向かっていて、ストリートビューが見られる区間もある。海岸近くまで来ると、軌道道は大きく左にカーブして、バスが集まる場所に着いた。ここが、九十九里鐵道の終着駅だった上総片貝駅跡だ。九十九里鐵道は、鉄道廃止後も社名に「鐵道」

グーグルマップの航空写真にも橋台跡がはっきりと写っている　©Google

の文字を残したままバス会社となり、バス停兼車庫となった上総片貝駅跡は今も「片貝駅」と呼ばれている。

「地理院地図」に戻り、「地図の種類」から「1974年～1978年」を選択すると、昭和50年前後の航空写真がカラーで表示される。すでに九十九里鐵道の廃止から10年以上が経過しているが、この時期の空中写真にも線路跡はしっかりと写っている。「透過率」を調整して「1961年～1969年」や標準地図と合成してみると、線路跡の位置はどの年代でも完全に一致し、同時に周辺の変わりようが把握できるだろう。

ほかにも、「地理院地図」にはオンライン廃線跡探索に便利な機能がある。画面右上の

終着駅付近のグーグルマップ。ぐるりとカーブして、現在はバスターミナルになった片貝駅へ進入する　©Google

「ツール」メニューをクリックし、「並べて比較」を選択すると、画面が左右に分割されて、同じ場所の異なる年代の地図・写真を、2画面に並べて表示できる。さらに、「計測」を選択すると、画面をクリックして地図や写真上の距離を測れる。試しに、「1961年〜1969年」の空中写真上で九十九里鐵道の距離を測ってみると、8・6㎞と表示された。九十九里鐵道の営業キロはずばり8・6㎞。つまり、ある場所が起点から何㎞地点なのかを極めて正確に測定できることがわかる。

8.60 km
※右クリックで直前の点を取り消すことができます。
次の位置を選択(最終点を2回クリックして終了)
35度31分55.29秒,140度26分43.53秒
「地理院地図」では距離や面積を測定することも可能だ
国土地理院「地理院地図」

明治時代から現代に至る古地図を比較できる「今昔マップ」

便利な地理情報システムは、「地理院地図」のほかにも数多くある。そのひとつが「今昔マップ」だ。

「今昔マップ」は、埼玉大学教育学部の谷謙二教授が提供している地理情報システム。全国49の地域について、明治期以降の地形図を表示できる。「地理院地図」が、過去については航空写真しか表示できないのに対し、「今昔マップ」は年代ごとの地形図を閲覧できるのが面白い。廃線跡のルートだけでなく、ある鉄道の歴史を画面上で追うことができる。

初期画面で閲覧したい地域をクリックすると、左右に分割された地図画面が表示され、

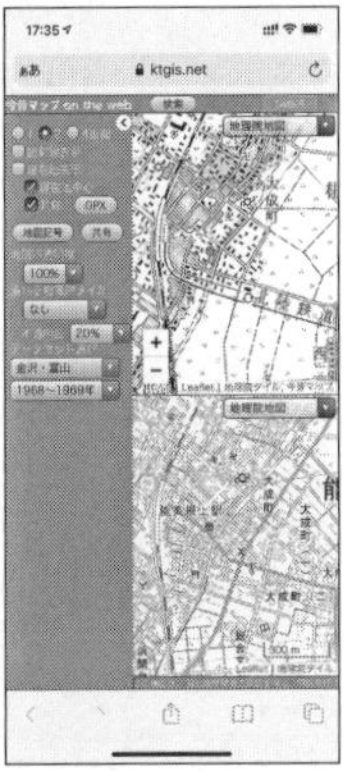

「今昔マップ on the web」より

今昔マップ on the web

https://ktgis.net/kjmapw/

全国すべての地域ではないものの、収録している地域であれば非常に使い勝手のよい地理情報システム。他の地図サービスとの連携も便利で動作も軽快だ。

右に現代の「地理院地図」、左に同じ場所の古地図が表示される。動作が軽く、選択できるメニューが画面に表示されているので、直感的でわかりやすい。

先ほどと同様、千葉県の九十九里鐵道を「今昔マップ」で見てみよう。初期画面で「関東」を選択すると、左に「1894〜1915年」の古地図、右に現代の「地理院地図」が表示される。

まずは、東金駅周辺を表示させる。マウスで地図を動かして表示させてもいいし、画面上部の検索窓から検索してもよい。「東金」や「東金駅」ではヒットしないので、「東金市」で検索しよう。

2つの地図は、同じ範囲を表示している。

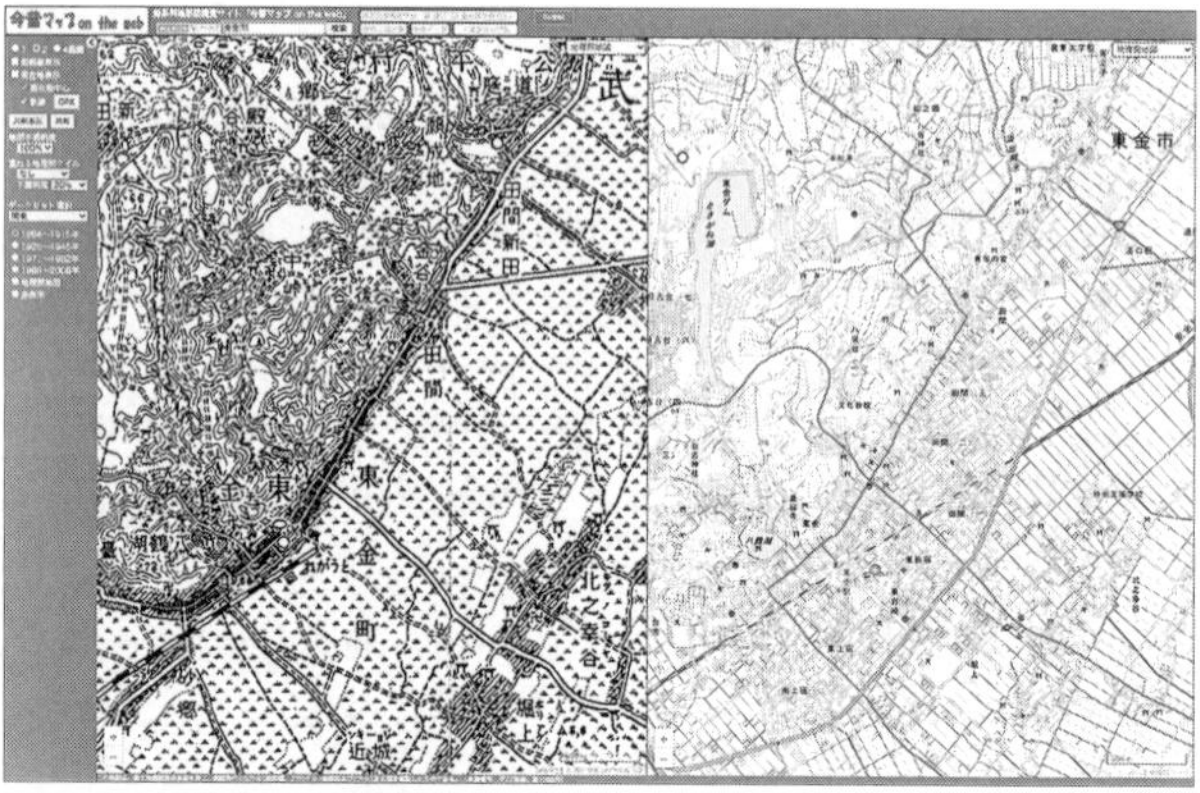

「東金市」で検索。東金の町と鉄道がどのように発展してきたのかひと目でわかる。「今昔マップ」より

古地図は、まだ九十九里鐵道が開業する以前の地図で、東金線も東金駅が終着駅になっている。この地図が、いつ測量されたものか調べてみよう。古地図上の好きな場所をクリックすると、その地点の緯度・経度や標高などとともに、出典元の地図名と発行年月日が表示される。東金駅をクリック（またはタップ、以下同）すると、「1／50000東金　明治36年測図・明治42年11月30日発行」と表示された。

房総鉄道が、大網〜東金間を開業させたのは1900（明治33）年6月のことだ。日露戦争後の1907（明治40）年に国有化されて、1909（明治42）年10月12日には東金線と命名される。1911（明治44）年に成東まで全通した。

地図をクリックするとさまざまな情報が表示される　「今昔マップ」より

もう一度「今昔マップ」の古地図を見ると、東金駅を終着駅とする路線は国鉄線として描かれ、しかも「東金線」と記載されている。東金線と命名されたのはこの地図が発行されるわずか1カ月前。現代の地図も顔負けの最新情報が記載されていたということになる。

表示できる古地図の年代は、左のメニューに表示されている。次に「1928〜1945年」を選択すると、東金線が全通。九十九里鐵道も開業し、「九十九里軌道」と書かれている。古地図をクリックして元図を確認すると、「1／50000東金　昭和19年部修・昭和21年11月30日発行」。戦時中に修正され、戦後まもない時期に発行されたものだ。

九十九里鐵道が全通したのは、1926（大正15）年。当初は路面電車と同じ軌道法の適用を受けて九十九里軌道を名乗ったが、1931（昭和6）年に地方鉄道に変更し、翌年社名も九十九里鐵道に変更された。昭和21年発行ならすでに社名改称から14年が経過しているが、旧称のまま掲載されていたようだ。

「今昔マップ」は、初期状態では左右に分割された2画面モードで表示される。左の地図がメイン地図で、古地図は必ずこちらに表示される。右の地図は、画面上部のプルダウンメニューから各年代の空中写真などに切り替えられる。メインの地図のみの1画面にし

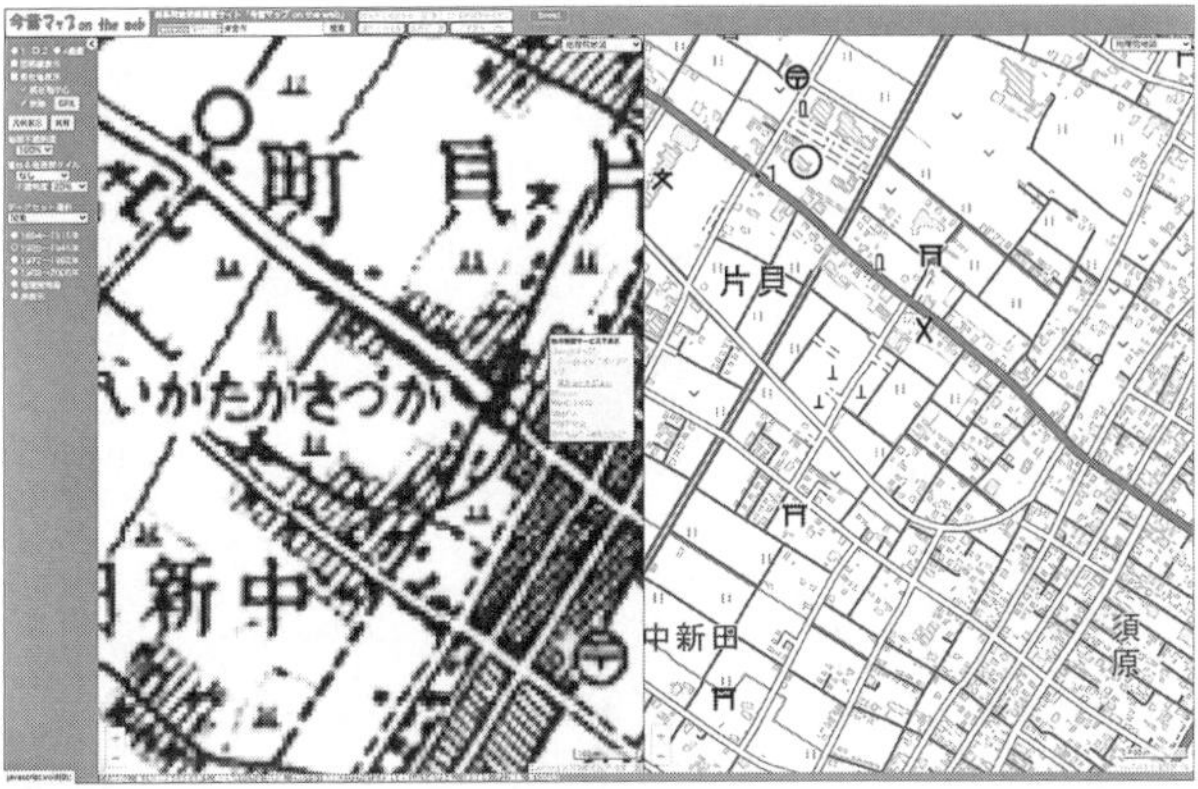

右クリックから「ストリートビュー」を選択すると……　「今昔マップ」より

クリックした場所に最も近いストリートビューが表示される　©Google

たり、あるいは４つの地図を同時に表示する４画面表示も可能だ。

　古地図上をクリックすると表示されるメニューも多機能だ。メイン地図の好きな場所をクリックすると、出典元図の発行年、緯度・経度、標高などが表示される。右クリックは、「他の地図サービスで表示」のメニューで、グーグルマップやストリートビュー、「地理院地図」とこの後紹介する「ひなたＧＩＳ（戦前１／５万）」で同じ地点にジャンプできる。

　試しに、「１９２６〜１９４５年」の古地図で、上総片貝駅を右クリックして、ストリートビューを選択してみよう。九十九里鐵道片貝駅横の「軌道道」が表示され、車庫に多数のバスが停まっている様子が見えた。

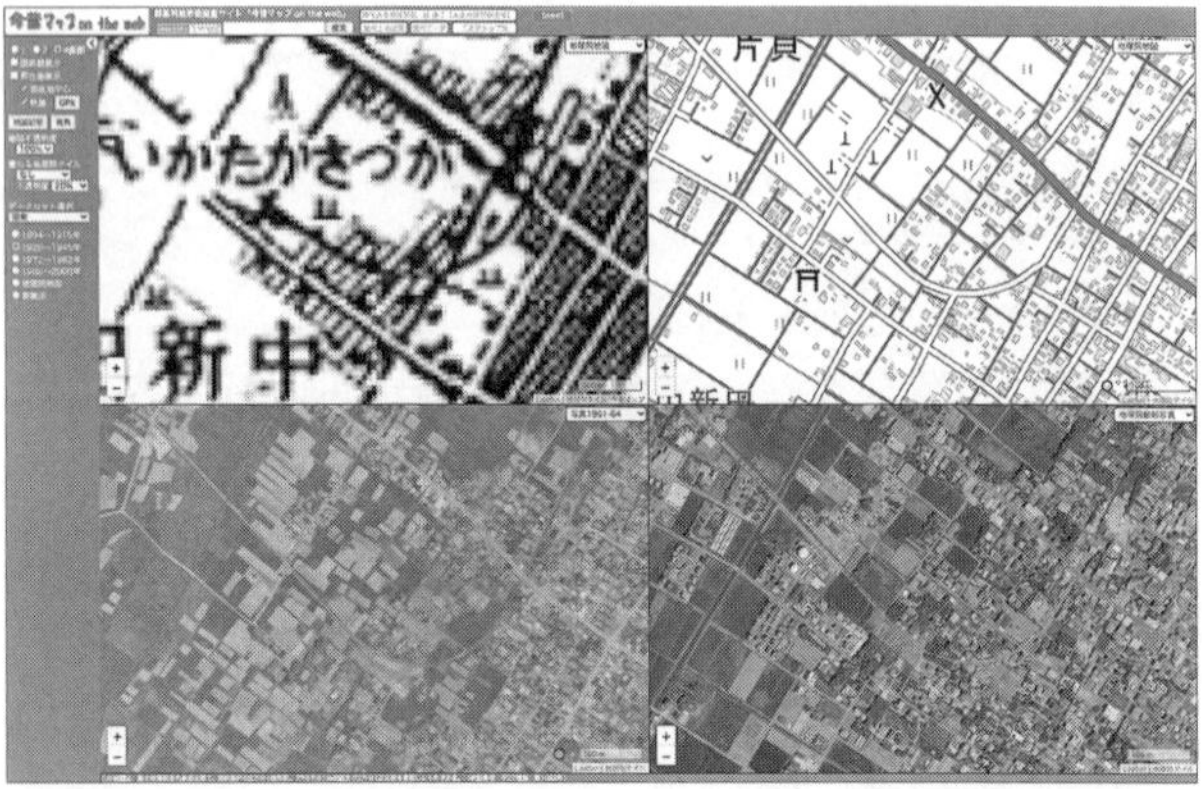

ストリートビューは周辺道路を網羅しているので、片貝駅周辺を散策できる。

全国の古地図を網羅する「ひなたGIS」

もうひとつ、「ひなたＧＩＳ」も便利だ。これは宮崎県の公式ウェブアプリとして公開されている地理情報システムで、国土地理院の標準地図や空中写真はもちろん、戦前期の古地図や災害情報、文化財情報など、地理と地形に関するさまざまなデータを地図上に表示できる。非常に多機能だが、特筆すべきは昭和戦前期の5万分の1地形図が全国ほぼすべての地域を網羅していること。「今昔マップ」では、公開されている古地図は49地域に限られるが、「ひなたＧＩＳ」は昭和戦前期だけとはいえ、全国をカバーしている。

「ひなたＧＩＳ」で、また九十九里鐵道を訪れ

出典：宮崎県「ひなたGIS」

ひなたGIS

https://hgis.pref.miyazaki.lg.jp/hinata/

若干動作が重いものの、汎用性の高さでは群を抜く「ひなたGIS」。鉄道に限らず昭和初期の日本の様子をつぶさに観察できる。

てみよう。初期画面は、日本全体が「地理院地図」の「淡色地図」で表示されている。画面中央下の検索窓に「東金駅」と入力して検索すると、縮尺は変わらず、東金市にマークが表示されるので、好みの縮尺に拡大する。

「ひなたＧＩＳ」の基本は、画面右上の「背景」ボタンにある。ここをクリックすると、さまざまな地図や空中写真のリストがフォルダ分けして表示される。操作はシンプルだが、あまりにも多くの地図があり、相当階層が深くなるフォルダもあるので、目的の地図を見つけるのは少々試行錯誤が必要だ。昭和戦前期の古地図は、「古地図フォルダ」→「戦前戦後地図フォルダ」→「日本版ＭａｐＷａｒｐｅｒ5万分の1」にあり、東金駅周辺の場合、「今昔マップ」の関東地域「1926～1945年」と同じ地図が表示される。

選択した地図は、「背景レイヤー」として背景メニュー上部に表示され、「地理院地図」と同様、透過率を設定して複数の地図を合成表示したり、地図名右横の「三」をドラッグして重なりの順序を入れ替えたりすることができる。「2画面」ボタンを押せば、左右に地図を分割して、それぞれ別の地図・空中写真を表示することも可能だ。地図上の好きな場所をクリックすると「出所のリンク」が表示され、元図の発行年月日などを参照できる。

画面中央には、中心十字線が表示されており、画面下には中心十字線の標高もリアルタイムで表示される。

　このように「ひなたＧＩＳ」は多機能だが、他の地図サービスへのジャンプ機能はない。操作するうちに重くなりすぎた場合は、画面左上の「三」アイコンを押して「全てリセット」を選択すれば、初期画面に戻れる。

　多機能すぎて煩雑な面もある「ひなたＧＩＳ」だが、全国の昭和戦前期の古地図を参照できるのは、オンライン廃線跡探訪を楽しむには極めて魅力的だ。

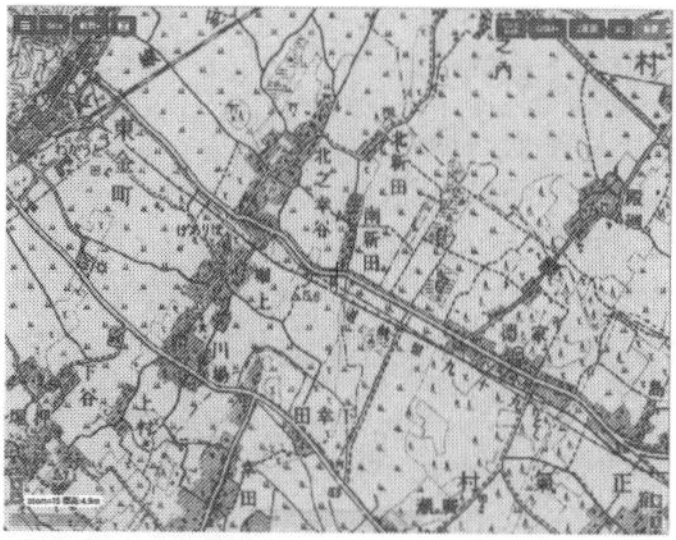

古地図も高画質だ

任意の場所をクリックして、引用元の地形図を表示できる。ただしやや重いので通信速度とPCの処理能力に注意　　出典：宮崎県「ひなたGIS」

実際の廃線跡巡りの記録もできる超多機能アプリ「スーパー地形」

さまざまな地図を表示・活用できるスマートフォン向けアプリが、「スーパー地形」だ。「スーパー地形」は、20年以上にわたってパソコン用地形図ソフトウェアとして地図愛好家や登山家に活用されてきた「カシミール3D」の作者が開発したアプリで、国土地理院が提供している地図と空中写真はもちろん、今昔マップやグーグルマップの表示にも対応。地図を表示させるだけでなく、地形をビジュアルに表現したり、GPS機能を活用したり、携帯の電波が届かないところでも使えるようあらかじ

スーパー地形

https://www.kashmir3d.com/online/superdemapp/

「スーパー地形」アプリ

基本機能は無料で使えるので、気軽にダウンロードできる。地形をわかりやすく表示するスーパー地形モードや、GPSトラックの記録は有料のプレミアム機能となる。

iOS

Android

有料版はGPSトラック（軌跡）を記録できる

写真も位置情報とともに記録できるので正確な探索記録がとれる

め地図データをダウンロードしたりと、自宅で眺めるだけでなく、実際にアウトドアで活用できる機能が多数実装されている。

スーパー地形は基本無料のアプリで、これまでに紹介した地理院地図や年代別空中写真、今昔マップ、そしてグーグルマップなどをほぼすべて表示できる。異なる地図を合成したり、ストリートビューを表示したりといったことはできないが、グーグルマップと地形図・空中写真を切り替えられるのはわかりやすい。

有料のプレミアム機能を利用すると、すべての機能を使えるようになる。まず、アプリ名にもなっているスーパー地形データを表示できる。「スーパー地形データ」とは、日本全国をカバーする基盤地図情報5mメッシュをベースとした高密度の地形データで、地形の凹凸がビジュアルで表示されとてもわかりやすく、NHKの番組で使用されていることでも知られる。どちらかというと、廃線跡巡り向けというよりは街歩きや登山者、地理・地形ファン向けの機能だが、鉄道がどういった地形を通っていたのかがビジュアルで見られ、「なぜそのルートを選んだのか」を考察するヒントになる。

美濃町線の探索でも使った「トラック（軌跡）の記録」も便利だ。こちらはリアルの廃線跡巡りに最適な機能で、スマホのGPSユニットや各種センサーを駆使して、現在位置や標高、速度、動く方向などを連続的に記録してくれる。任意の場所を「ポイント」として記録でき、さらにスマホで撮影した写真を添付できる。この機能を使いながら廃線跡を歩けば、ただスマホを持ち歩くだけで正確な行動記録を取れる。発見した遺構を写真に撮って、その正確な位置と時間を記録することも可能だ。さらに、過去の空中写真や古地図を表示させた状態でトラックを記録すれば、廃線跡の正確な位置がわかることはもちろん、その鉄道の現役時代の風景をスマホで確認しながら、廃線跡を歩くことができる。

何十年も前の、鉄道が生きていた時代の地図や空中写真を見ながら現在の廃線跡を歩く……。スマホが、ちょっとしたタイムマシンになるのである。

地図の一括ダウンロードもプレミアム機能で、スマホの電波に不安のある山間部の廃線跡をたどる時に役に立つ。

地理情報システムはそれぞれに特徴があり、ここでは紹介しきれないほどの機能がある。普段から、自分の住んでいる町や行ってみたい場所の地図を観察して、使い方に慣れておこう。

さて、次章では熊延鉄道を例に、実際にオンラインで廃線跡を辿ってみることにしよう。

第3章

熊延鉄道をオンラインで旅してみよう

公式ガイドブックもある廃線跡

熊延《ゆうえん》鉄道は、熊本県の豊肥本線南熊本駅と、下益城郡砥用《ともち》町（現・美里町）を結んでいた28・6㎞の私鉄だ。「熊延鉄道」とは、熊本と宮崎県の延岡を結ぶという意味だったが、1932（昭和7）年に砥用まで延伸したところで建設がストップ。1964（昭和39）年に全線が廃止されてしまった。

今から半世紀以上前に消えた鉄道だが、熊延鉄道は熊本バスと名前を変え、現在も熊本県南部をエリアとするバス会社として営業している。そのおかげもあって、沿線では熊延鉄道を語り継ぐ意識が高い。熊本県は「熊延鉄道を探そう〜熊延鉄道遺跡と沿線探検ガイドブック〜」と題する無料の冊子を発行しており、2021（令和3）年7月現在ウェブサイトでダウンロードできるほか、観光案内所などで入手可能だ。冊子では、廃線跡を4つのエリアに分けて歩き方ガイドを掲載するなど、安全に探訪できる情報が揃っている。

熊本市街の駅を起点とし、熊本市のベッドタウンでもある嘉島町などを経由していたことから、古地図や空中写真が充実しているのも熊延鉄道の魅力だ。「今昔マップ」を中心に、「地理院地図」や「ひなたＧＩＳ」も活用すれば、自宅に居ながらにしていますぐ廃線跡巡りに旅立てる。早速、オンライン廃線跡巡りに出かけよう。

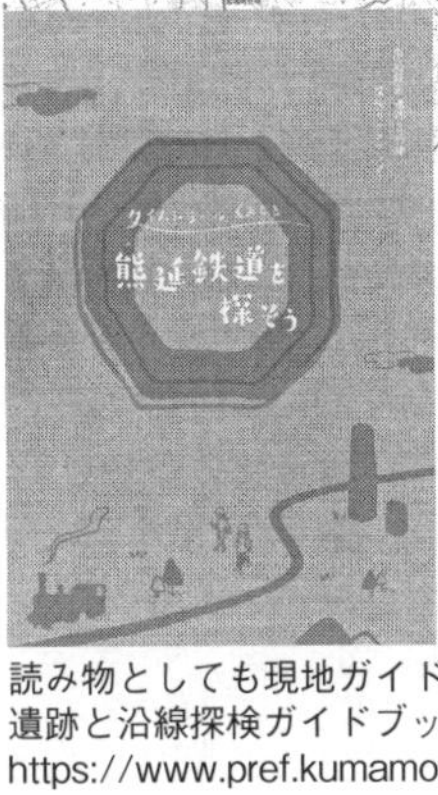

今昔マップ

読み物としても現地ガイドとしても使える「熊延鉄道を探そう～熊延鉄道遺跡と沿線探検ガイドブック～」
https://www.pref.kumamoto.jp/site/kenou/86774.html

古地図サイトで今は亡き鉄道の歴史を探る

熊延鉄道の始発駅は、豊肥本線の南熊本駅だ。「今昔マップ（73ページ）」にアクセスして、初期画面から「熊本」を選択。画面左に古地図、右に現代の標準地図が現れる。最初に表示されるのは熊本城周辺だ。地図を移動させて、南熊本駅周辺を表示させる。だが、古地図には南熊本駅どころか鉄道が存在しない。古地図をクリックして出典元地形図の発行日を確認すると、明治36年12月28日発行、つまり１９０３年の地図だ。豊肥本線熊本～肥後大津間が宮地軽便線として開業したのは１９１４（大正３）年だから、この古地図は、それより11年前のもので、南熊本駅周辺はまだ春竹村と呼ばれるのどかな農村だった。

画面左のメニューから「１９２６年」を選択すると、鉄道が現れた。この地図は、１９２８（昭和３）年12月28日発行の２万５０００分の１「熊本」。この頃、南熊本駅はまだ春竹駅と称していた。豊肥本線は「宮地線」、春竹駅から南へ分岐する鉄道は「御船鉄道」と記載されている。

熊延鉄道の前身である御船《みふね》鉄道が春竹（現・南熊本）～鯰《なまづ》間に初めて鉄道を開通させたのは、１９１５（大正４）年のことだ。翌１９１６（大正５）年には御船まで延伸した。

当時、日本は軽便鉄道建設ブームの真っ只中にあった。日露戦争によって鉄道輸送の重要性を認識した政府は、幹線鉄道の国有化を推進。同時に、民間資本によって国有鉄道に接続する地方鉄道の建設が促進されるよう、軽便鉄道法と軽便鉄道補助法を制定した。これは、ごく簡単な手続きによって簡易な規格の鉄道を建設でき、しかも政府が一定の利益を保証するという内容だ。資本家は、地方の有力者と結んで次々と軽便鉄道の建設に乗り出し、軽便鉄道建設ブームが発生した。

御船鉄道も、そうした時代を背景に建設された私鉄だ。現在の山都町がある浜町を目指し、国鉄と同じ軌間1067㎜で建設された。1923（大正12）年には甲佐まで開通したが、その頃になると第一次世界大戦後の経済不況によって浜町までの延伸は難しくなり、

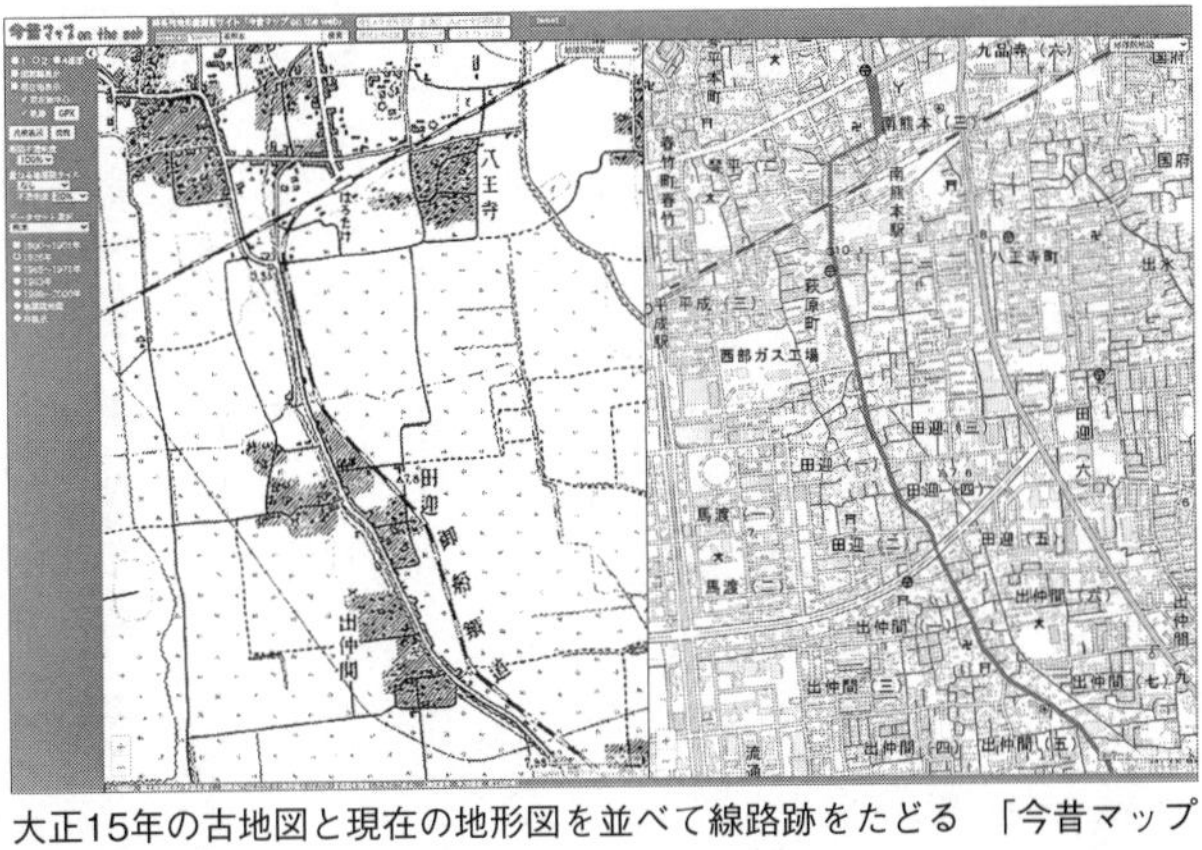

大正15年の古地図と現在の地形図を並べて線路跡をたどる 「今昔マップ on the web」

かなり手前の原町（砥用）までの建設に着手するのが精一杯という状況になった。

一方で、1927（昭和2）年には会社名を御船鉄道から熊延鉄道に変更している。現実には、熊延鉄道に宮崎県まで延伸する力はなかったが、当時浮上していた与党系政治家による宇土～浜町～延岡間の鉄道構想に対抗するためだったとも言われる。「今昔マップ」で閲覧できる1928年の古地図は、そうした時代に発行されたものだ。

ここで、もう一つの地理情報サービスである「ひなたGIS」の古地図も見てみよう。「ひなたGIS」で南熊本駅周辺を表示させ、「背景」→「古地図フォルダ」→「戦前戦後地図フォルダ」と進んで、「日本版MapWarper5万分の1」をクリックする。表示された古地図は、「今昔マップ」の1926年の地図と似ているが、微妙に異なる。1926（大正15）年測図である点はどちらも同じだが、1931（昭和6）年に部分修正測図が行われた同年9月発行の5万分の1「熊本」だ。「今昔マップ」の3年後に改訂された地図で、「熊延鉄道」「豊肥本線」の名称が記載されたのはもちろん、春竹駅には1929（昭和4）年6月に開業した熊本市電春竹線も乗り入れている。

「ひなたGIS」の古地図が発行された1年後の1932（昭和7）年12月25日、熊延鉄道はようやく甲佐～砥用間を開業した。

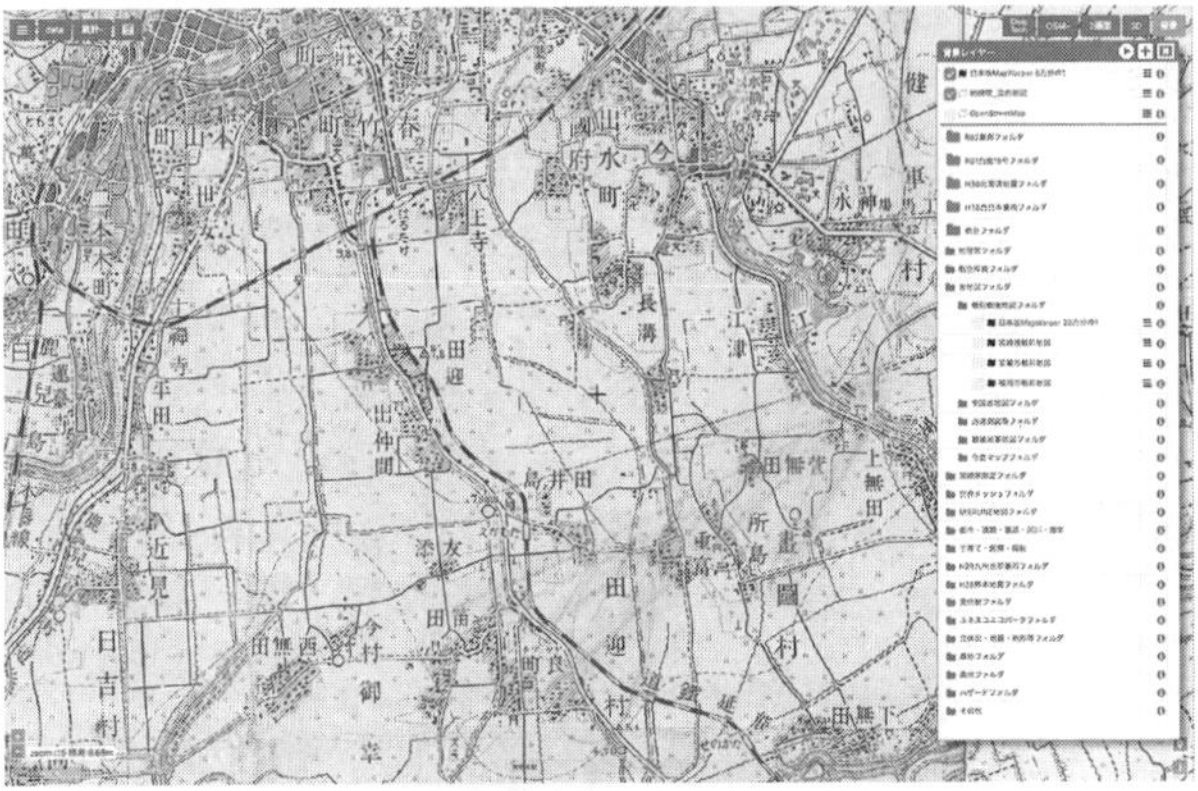

「ひなたGIS」の古地図は紙の質感も残している

中ノ瀬～鯰間の加瀬川を渡るデハ200形　1961年　撮影：中村弘之

古地図とストリートビューで廃線跡をたどる

「今昔マップ」を見ながら熊延鉄道をたどろう。左右（スマホは上下）に分割された地図は、左（上）が古地図、右（下）が現代の地理院地図。右の地図は、「写真1961～1964」に変更して、鉄道が現役だった時代の航空写真を見るのも面白い。

このように「今昔マップ」は、地図上の任意の場所で右クリック（長押し）すると他の地図サービスを呼び出せる。古地図で気になった場所を右クリックすれば、その地点の現在の様子をストリートビューで確認できる。

古地図にマウスポインタを合わせると、右の地図の同じ位置にも丸いポインタが表示される。古地図の御船鉄道（熊延鉄道）をマウスポインタでなぞってみよう。現代の地理院地図では黒線、つまり幅員3m未満の軽車道になっていることがわかる。

次の中ノ瀬駅付近からは、国道266・445号線熊本浜線バイパスに姿を変えている。鉄道の面影は全くないが、「熊本浜線バイパス」という名称は、熊本市と、ここから約30km離れた現在の山都町浜町とを結ぶという意味だ。そのルーツは、熊延鉄道が浜町を目指していたことと重なる。

御船鉄道は加勢川を渡り嘉島町に入る。鯰駅という珍しい名前の駅は、熊本バスのバイパス下上島バス停付近。そこから４００ｍほど南下したイオンモール熊本付近で、線路跡はバイパスを離れて細い農道に変わる。鉄道が上島集落の中心に向かったのに対し、バイパスは集落を避け、旧道の敷地を活用して御船川沿いに出ようとしたのだろう。線路跡はいったんイオンモールの駐車場に消えるが、ここはグーグルマップの航空写真を拡大してよく観察したいところ。駐車場の先、水路を渡るところに小さな橋桁が写っている。ストリートビューでもはっきり確認できる、熊延鉄道の橋梁跡だ。さらに１００ｍほど先の農業水路にも小さな橋脚が確認でき、民家の敷地の境界が、かつてのルートを示している。ここは、嘉島町で見られる数少ない熊延鉄道の遺構だ。

「今昔マップ」で古地図を右クリックすると現代のストリートビューを呼び出せる

Google Mapsの航空写真をよく見ると熊延鉄道のガーダー橋が見える
©Google

現地ではすぐ目の前で見られるガーダー橋。よくぞ残っていてくれたものだ

標高や距離を測定して勾配を予想

上島駅から線路跡は再び熊本浜線バイパスに呑み込まれ、御船川右岸を進む。六嘉、小坂村といった駅は全く痕跡がないが、小坂村駅横の神社と寺は、昭和初期から変わらない場所にある。区画整理が行われて道路の様子が変わってしまった場所も、寺院や神社は同じ場所にあることが多く、今昔比較の目安になる。

小坂村駅の先、滝川地区で線路跡はバイパスを離れ、2車線道路となって御船の中心へ。御船駅跡は住宅街となったが、道路がいかにも鉄道らしいカーブを描いている。御船市街を出た線路跡は国道443号線となって御船川を渡り、沿線

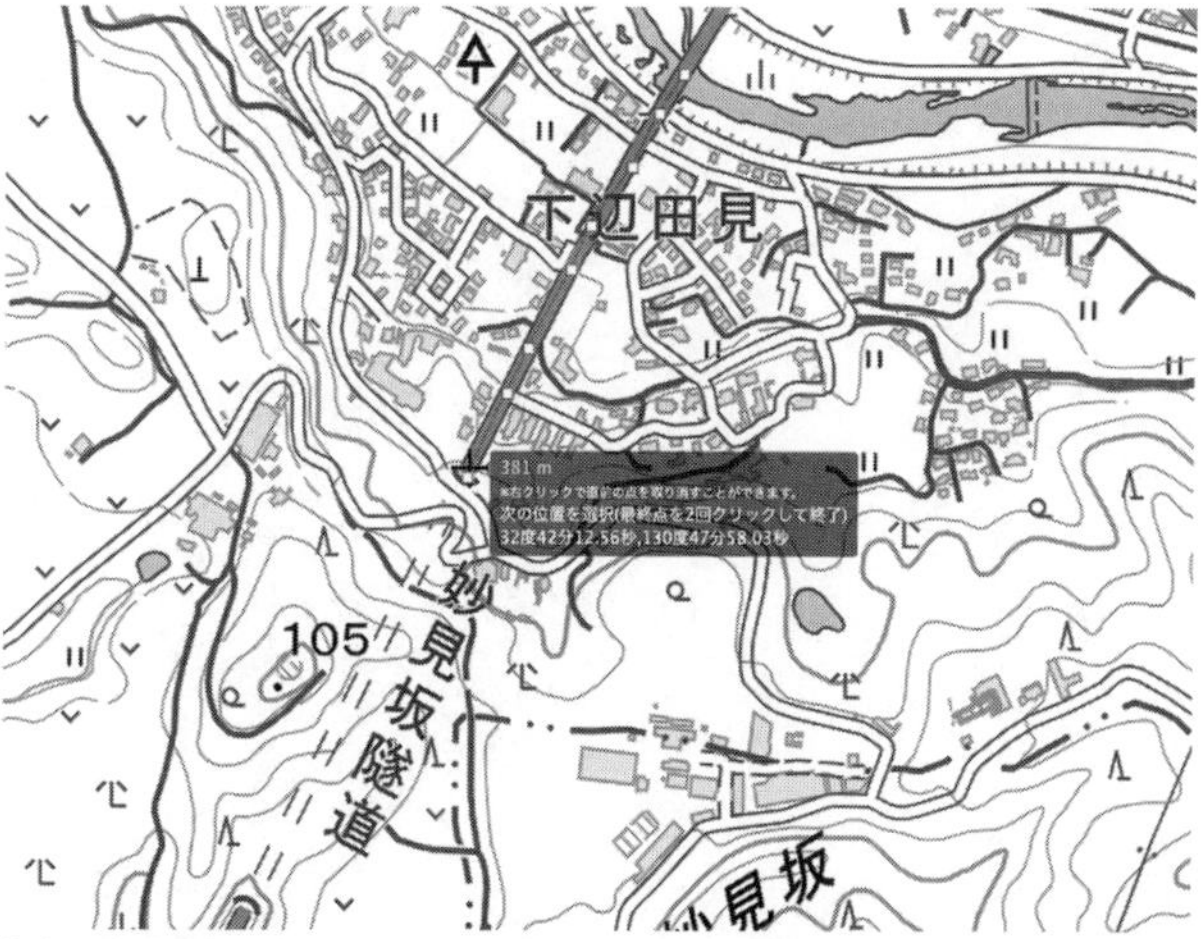

「地理院地図」で御船川から妙見坂隧道までの距離を測る

唯一のトンネル、妙見坂トンネルへ向かう。鉄道時代の妙見隧道を拡幅したトンネルだ。「今昔マップ」で御船川付近をクリックして標高を調べると約20ｍ。トンネルの入口付近は約29ｍだ。実際の軌道は築堤の上にあったはずだから高低差は７ｍ前後といったところだろう。「地理院地図」の計測ツールを使って御船川からトンネルまでの距離を測ると、４００ｍほどだ。熊延鉄道南熊本〜甲佐間の最急勾配は「１／60」。千分率に直すと16・7‰で、この区間の推定勾配とほぼ一致する。

妙見隧道の長さは４５５ｍ。トンネルを抜けたところが標高36ｍのサミットで、今度は緑川流域の平地に向かって、約１㎞かけて標高20ｍまで降りてくる。汽車の時代には、ここを一気に登ることができず、一旦バックして加速し、勢いをつけて上ることもあったという。

「単写真」を比較して廃線の前後を知る

緑川流域の平地に降りてきた熊延鉄道だが、１９６０年代の航空写真はここで線路が途切れてしまう。このあたりの航空写真は、路線廃止後に撮影されたものらしい。

では、この周辺は航空写真で熊延鉄道の線路を見ることはできないのだろうか。そんなことはない。「地理院地図」の「単写真」を検索すれば、目当ての写真が見つかる可能性がある。「今昔マップ」上で右クリック（長押し）し、「他の地図サービスで表示」が表示されたら、「地理院地図」を選択。「地理院地図」が表示されたら、左上の地図メニューをクリックし、「年代別の写真」から「単写真」を選択する。地図上に、多数の赤い丸が表示された。これは、国土地理院が公開している空中写真の中心点だ。「単写真」の横にある「ｉ」をクリックすると、表示する写真の年代を絞り込める。「１９６０年代」を選択し、残った赤丸をひとつひとつクリックしていくと、緑川の左岸に、１９６２（昭和37）年６月５日撮影の写真があった。これをクリックし、さらに「高解像度表示」を選ぶ。表示された写真を拡大すると、妙見隧道を出て下早川駅に向かう熊延鉄道の線路が、はっきりと写っていた。周囲の赤丸をチェックすると、１９６７（昭和42）年９月19日に撮影された航空写真もあり、１９６０年代の航空写真はこちらが使われているようだ。

２枚の写真を比較すると、鉄道の有無以外にも違いがある。それは水田の形だ。とくに、線路があった山側の農地が、１９６７年の写真では碁盤目のようにきれいに整理され、農道も直線主体に変わっている。つまり、熊延鉄道の廃止後まもなく、この地域では軌道跡の整地と並行して、耕地区画や農道を整理する圃《ほ》場整備が進められたのだ。

↑1962(昭和37)年撮影

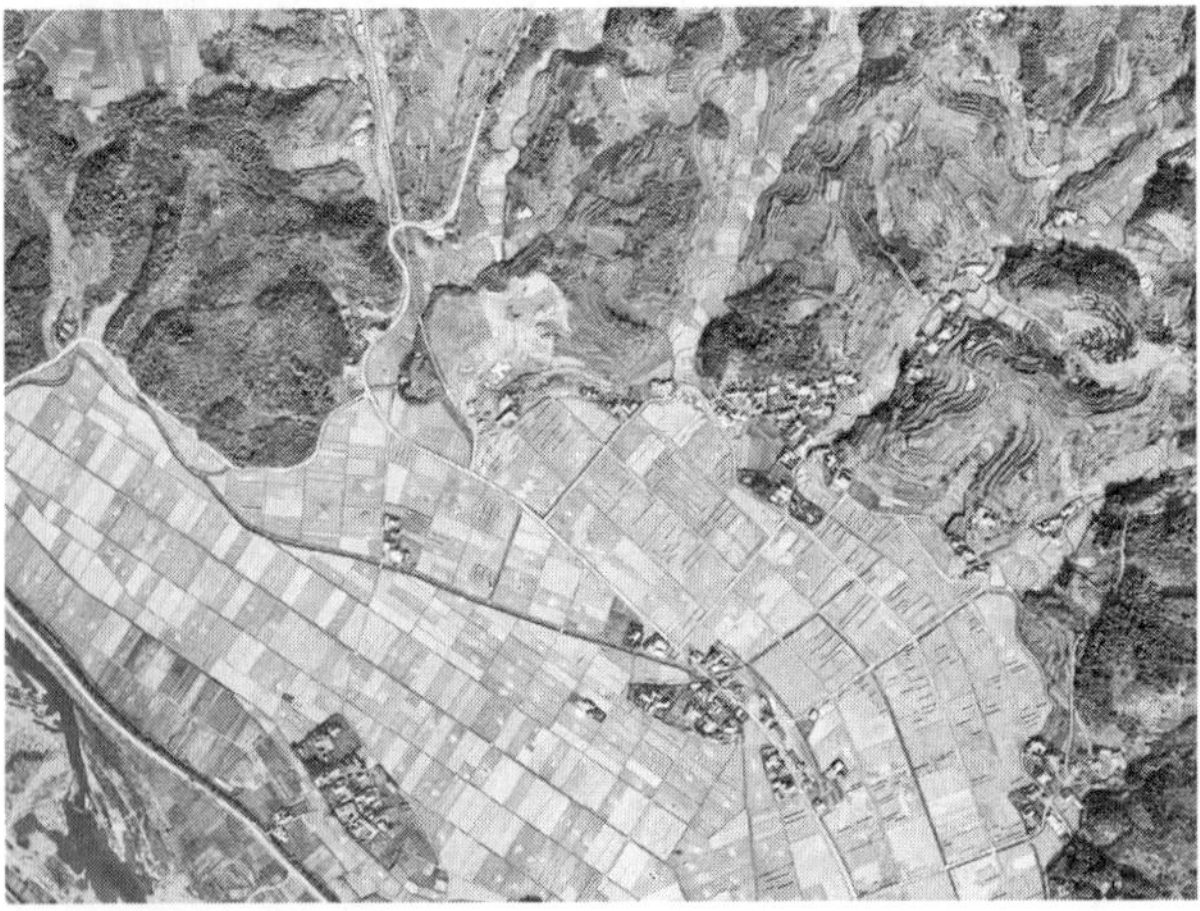

↑1967(昭和42)年撮影
水田と農道の区画が大きく変わり、線路跡が消えた
国土地理院「地理院地図」

このように、単写真を丹念に探せば、さまざまな時代の空中写真を高解像度で閲覧でき、発見がある。地図上に表示される空中写真よりも、単写真の高解像度表示のほうが高画質で、場合によっては道路を走る車まで見えるのが面白い。

圃場整備によって消えた線路跡は、浅井集落に入るところで再び2車線道路となって現れる。浅井駅は、熊延鉄道で唯一駅舎が現存している駅だ。隣接する元日本通運の倉庫とともに、建設会社の倉庫として今も大切に使われている。「今昔マップ」上で浅井駅を右クリックして、ストリートビューを表示させると、すぐにそれとわかる瓦屋根の建物が映し出される。

さて、「今昔マップ」の熊本エリアがカバーするエリアは浅井まで。ここからは、古地図を閲覧するなら「ひなたＧＩＳ」を使う。「今昔マップ」の右クリックから「ひなたＧＩＳ」を選択すると、昭和戦前期の古地図が自動的に表示される。出典元は１９４７（昭和22）年9月発行の「砥用」で、現代の地図とは位置に若干の誤差がある。右上の「2画面」をクリックして、古地図と地理院地図（あるいは「国土地理院航空写真」）を並べて表示すると分かりやすい。

甲佐駅は、現在は熊本バスの甲佐営業所になっている。駅の南には甲佐町役場があるが、ここはかつて営林署の貯木場。1962（昭和37）年までは、ここから矢部町（現・山都町）まで総延長53㎞の内大臣森林鉄道が延びていた。国土地理院の1960年代の航空写真には、この貯木場と森林鉄道もはっきり写っている。

航空写真にはっきり写る橋脚

甲佐からさらに南下して緑川を渡り、緑川の支流である釈迦院川と津留川に沿ってS字カーブを描きながら山間部に入っていく。

国土地理院の60年代空中写真はこの辺りで掲載範囲が終わるが、単写真を探すと1964（昭和39）年10月撮影の写真が見つかった。熊延鉄道廃止から半年後の写真で、津留川を渡る第一・第二津留川橋梁もはっきり写っている。

グーグルマップも見ていこう。拡大していくと、釈迦院川と津留川が合流する地点の北側に「熊延鉄道　八角トンネル跡」の史跡表示がある。熊延鉄道最大の遺構である、八角形のコンクリート製落石よけだ。森の中にあるので、地図や航空写真からは見えないが、インターネットユーザーが画像をアップロードしており、クリックすれば360度ビューの写真を見られる。

その先の第一津留川橋梁には、円柱状の橋脚が残る。こちらは、グーグルマップの航空写真からもその姿を確認できる。佐俣駅の先の第二津留川橋梁も橋脚が残っているが、航空写真からは確認できない。次に線路跡が現れるのは、釈迦院駅だ。「ひなたＧＩＳ」の古地図で釈迦院駅の位置を確認し、グーグルストリートビューを開くと、民家のガレージに「しゃかいん」の駅名標が見える。駅跡に立てられたこちらの民家で長年保管してあったものだという。よく見れば、ブロック塀の下に埋め込まれたプラットホームも確認できる。

ここから線路跡は1車線道路となって

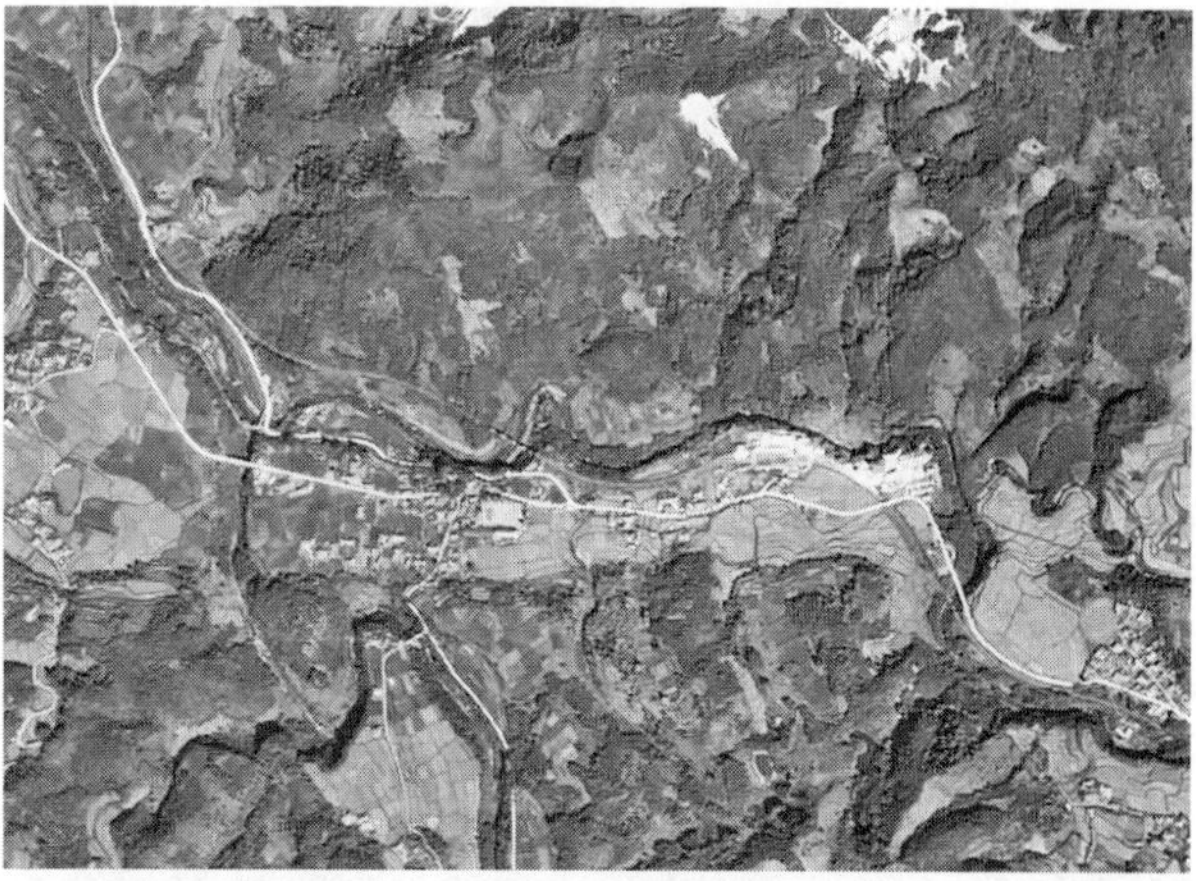

1964年撮影の佐俣駅付近の航空写真。誌面ではわかりづらいが中央に第一津留川橋梁の橋脚が写っている　「地理院地図」より引用

おり、ストリートビューで終着・砥用までたどることができる。終着・砥用駅は、熊本バスの転回場になっている。駅舎は2010(平成22)年頃まで健在で、バス乗務員の休憩室として使われていたそうだ。駅舎は失われたが、今も小さな広場と居酒屋などがあり、駅前らしい雰囲気を感じ取れる。

オンラインで辿っておけば、現地を訪れる準備になる

インターネットの地理情報サービスだけで熊延鉄道の跡を巡ってきたが、こうしたオンライン廃線跡巡りは、実際に現地を訪れるための下調べにもなる。機会があれば、ぜひ現地を訪れたい。熊延鉄道は熊本県が沿線自治体と協力して鉄道の伝承に力を入れているうえ、沿線は熊本バスが路線バスを運行しており、本数が少ない甲佐〜砥用間でも1〜2時間に1本はバスがある。八角トンネルなど津留川沿いの遺構も安全に訪れられるようになっており、手軽に遺構探索ができる。

南熊本駅から、橋梁跡が残る嘉島町のイオンモール熊本付近までは、10〜20分間隔でバスがある。途中の出仲間バス停で降りて、市道になった線路跡を少し歩いてみるのもいい。詫間中学校南側には、水路の上にあるゴミ捨て場に、古いH鋼がブロック塀から斜めに突

き出ており、熊延鉄道の橋梁跡ではないかと言われている。

　イオンモール熊本で下車すると、真向かいに線路跡の農道があり、用水路に架かる橋桁や小さな橋脚を間近に見られる。航空写真では見えなかった距離標らしきコンクリート柱もあり、南熊本駅起点7㎞ポストと思われる。ただし、熊延鉄道がコンクリート製の距離標を使っていたことを疑問視する意見もあり、冊子「熊延鉄道を探そう」では「距離標のような杭」と表現するに留まっている。

　イオンモール熊本からは、熊本バスM3－1系統御船経由甲佐行きが最も熊延鉄道のルートを忠実にたどる。御船には、街の中心にある城山公園に熊延鉄道社長、田副清の銅

ゴミ捨て場のブロック塀から突き出す古いH鋼の切れ端

像がある。また、辺田見駅があった御船警察署向かいの水路を渡る橋は鉄道橋を転用したもので、横から覗くとわずかに鉄道時代の橋桁が見える。

熊本バスM3―1系統は妙見坂トンネルを通過し、国道443号をたどって甲佐に向かう。その手前、浅井入口で下車して5分あまり歩くと、建設会社の資材置き場として使われている浅井駅の駅舎に出会える。私有地なので、勝手に敷地内に入ったりしないよう注意したい。ここから甲佐駅跡である熊本バス甲佐営業所までは2・5kmほど。ゆっくり歩いて40分ほどだ。

位置、形状、軌道内に倒れないよう外側を向いている状況などから南熊本起点7kmポストと考えて間違いなさそう

甲佐～砥用間は鉄道遺構の宝庫

甲佐からは、砥用・浜町方面行きのバスが1時間に1～2本運行されている。所要10分の二俣橋バス停からが、散策の本番。バス停から来た道を引き返し、釈迦院川を渡ったところで右折すると、沿線最大の遺構である「八角トンネル」へアクセスできる。コンクリート製のロックシェッドが7基、等間隔に並んでいる。落石よけとしては不完全な構造だが、なぜこのような形になったのかは不明だ。建設費を少しでも安くあげようとしたのかもしれない。

そのまま直進すると第一津留川橋梁の橋台と橋脚が見えてくるが、一部道が崩落している場所もあり、それ以上進むのは危険

テレビ番組でもたびたび紹介されている八角トンネル。実際はトンネルではなく、落石よけの類だ

だ。廃線跡を安全に巡るには、少し臆病なくらい慎重な方がいい。引き返して手前の小さな祠の前から津留川に下り、沈下橋を渡る。もう一度八角トンネルを通って、釈迦院川と津留川の合流点にかかる二俣橋を散策してもいい。

旧道を歩いて、元湯佐俣の湯の手前から川原へ下りていくと、途中に橋台が現れ、対岸に第一津留川橋梁の橋脚がよく見えるポイントに出られる。川原からそびえる、高さ20mはあろうかという円柱状の橋脚は圧巻だ。

次の第二津留川橋梁跡は、ここから800mほど砥用方面へ歩いた馬門《まかど》橋の下にある。途中にあるパン店の裏手が佐俣駅の跡だ。

馬門橋は、国道の下にある石積み橋が史跡

川原に降りれば接近して観察できる第一津留川橋梁

として知られるが、手前から延びる旧道に入っていくと、もう一つの馬門橋がある。史跡となった馬門橋は江戸後期の1828年に架けられたもので、旧道の橋は1936（昭和11）年竣工の三代目。二代目は、少し下流側に橋台だけ残っている。現在の国道は四代目だ。三代目馬門橋は現在歩行者専用となっており、橋から第二津留川橋梁の橋脚を見下ろすことができる。

そのまま旧道を1㎞あまり歩き、いったん国道に出たのち、「境・坂貫」と書かれた坂を下りて目磨集落に入る。目磨簡易郵便局前を右折して津留川を渡ると、その先が釈迦院駅跡の民家だ。塀に埋め込まれたホームも見えるが、私有地なので門の外から眺めよう。

釈迦院駅から砥用駅までは2㎞で30分ほど。

馬門橋から2本の橋脚を見下ろせる第二津留川橋梁

砥用の手前にある下永富橋は、横から見ると確かに鉄道橋だ。砥用方の桁には、「熊延鉄道株式会社　昭和六年八月」と右書きで記された銘板も残っている。こうした遺構は、さすがにネットの地図では確認できない。線路に沿って並ぶ町営住宅を過ぎると、駅前広場らしい雰囲気の砥用駅跡に着く。二股橋から砥用まで、ゆっくり歩いて3時間弱といったところだ。

形のうえでは、延岡を目指すという志を達成することなく消えた熊延鉄道だが、実際には戦前・戦後において嘉島や御船、甲佐といった上益城郡の町と熊本市とを結ぶという大きな役割を果たしてきた。鉄路は失われたが、地図や航空写真を見て、さらに現地を歩けば、その文化が今もそこかしこに根付いていることに気づく。廃線跡巡りに興味をもったら、一度は訪れてみたい鉄道だ。

民家の倉庫に長年しまわれていたという釈迦院駅の駅名標

第4章

訪れる廃線跡の決め方・調べ方

どこを訪れるかを決める

廃線跡巡りの旅は、どの路線を訪れるかを決めることから始まる。遺跡探索気分を味わいたいのか、今にも列車が来そうな風景を見たいのか、あるいはのんびり快適に散策を楽しみたいのか。それによって選択する路線は異なる。

初めて廃線跡を訪れるなら、起点から終点まで20km以下の、比較的短い路線を選びたい。廃線跡巡りは徒歩が基本。30kmも40kmもあるような路線を歩くのは大変だ。20km以下なら、1日か2日かければ全線を歩くことができる。

並行交通機関の有無も重要だ。途中で疲れてしまったり、足をくじくなどトラブルが発生したりと、旅を続けられなくなることもある。そんな時、バスのような交通機関があると心強い。また、行き止まりの盲腸線は、終着駅跡まで歩いたら戻ってこなくてはならない。1日数本程度でも、バスがあれば、計画を立てて安全に戻ってくることができる。バスの時間までに終着駅跡に着けそうもなくなったら、途中で撤退すればいい。逆に、代替バスすらなくなってしまった盲腸線の廃線跡は、自動車がないと訪れることは難しい。

遺跡探索気分を味わいたいなら、線路跡がそのまま農道に転用されているような、地方の廃線跡がいい。新潟県の蒲原鉄道や石川県の尾小屋鉄道、埼玉県の西武鉄道安比奈線、

倉吉線の廃線跡は線路を残した状態で保存されている

岡山県の片上鉄道跡はほとんどの区間がサイクリングロードになった

鳥取県の国鉄倉吉線あたりがおすすめだ。

今にも列車が走ってきそうな風景なら、廃線から16年を経ても線路がほとんどそのまま残っているくりはら田園鉄道、秋田県の小坂鉄道、名古屋鉄道三河線猿投～西中金間、廃線跡を軌道マウンテンバイクで走れる神岡鉄道。

快適なサイクリングや散策を楽しむなら、全線にわたってサイクリングロード化され、多くの駅ホームが残されている茨城県の筑波鉄道や岡山県の片上鉄道が楽しい。糸魚川～直江津間の北陸本線旧線跡を活用した久比岐自転車道や、ハイキングコースとして定着した兵庫県の福知山線旧線跡（生瀬・西宮名塩～武田尾間）、公開日限定ながら短い距離で明治のトンネルを歩ける中央本線愛岐トンネル群などがよく知られている。

廃線跡巡りに適した時期・適さない時期

廃線跡巡りは、ずばり冬が適している。冬は草木が枯れて、薮に埋もれていた遺構が姿を現す。気温が低い中を歩くことになるが、十分な寒さ対策さえしていれば、体力を奪われることもない。熊や蜂のような危険動物に遭遇する確率もぐっと減る。

逆に、真夏は危険だ。生い茂った雑草と薮が、遺構だけでなく線路脇にある側溝や崖、崩壊面までも隠してしまい、命に関わる事故が起きることもある。

暑さも大敵だ。近年の日本は亜熱帯に近い気候になっており、猛暑は容赦なく体力を奪う。廃線跡の周辺は日差しを避けられる場所がないこともあり、帽子や十分なドリンクを用意しても、熱中症の危険性がある。

筆者が猛暑に苦しめられたのが、くりはら田園鉄道の廃線跡だ。くりはら田園鉄道は、宮城県のＪＲ東北本線石越駅と細倉マインパーク前駅を結んでいた、全長25・7㎞の第3セクター鉄道。２００７（平成19）年に廃止されてから10年以上が経過したが、今もほとんどの区間にレールや橋梁が残され、旧若柳駅は「くりはら田園鉄道公園」として駅や車両が動態保存されている。

その廃線跡を歩いたのは、7月半ばの休日。最高気温36度の猛暑日となるなか、石越駅から旧栗駒駅までの17㎞を1日で歩いた。帽子、日焼け止め、スポーツドリンクなど、考えられるだけの対策をしていったが、甘かった。くりはら田園鉄道は、大部分の区間が三迫川沿いの低地に広がる田園地帯を通っており、しかも三方を栗駒山系の山に囲まれた盆地を形成している。言わば、太陽にさらされた鍋の底を歩くようなものなのだ。水田の中をまっすぐ延びる線路跡沿いの道を歩くと、周囲に日陰は全くない。くりはら田園鉄道公園から6kmあまり先の旧沢井駅前でラーメン店に飛び込んだ時にはフラフラだった。

それでも、今にも列車が走ってきそうな、いや一部では本当に列車が生きているくりら田園鉄道の廃線跡は、一度は訪れたい廃線跡のひとつだ。訪れるなら、比較的過ごしやすい5月の大型連休か、11〜12月の週末がいい。

もうひとつ、夏季の廃線跡巡りで注意したいのが虫や動物だ。特に熊とスズメバチが危ない。刺されると、時に命にも関わるスズメバチの活動期は、だいたい4月から11月。子育ての時期である6〜10月は気性が荒くなり、近づいただけで攻撃してくることもある。山間部の廃線跡を歩いていると、突然スズメバチに遭遇することがあるので注意したい。また、近年は熊と遭遇する事故も増えている。地方の里山を歩く時は熊避け鈴が必要だ。

廃線跡を歩くなら、関東から九州にかけては11月から4月上旬。北陸・信越・東北・北海道といった積雪地帯は4〜5月と、10〜12月の雪が降るまでの時期がいい。もっとも、これは線路跡が自然に還っているような場合。全線が遊歩道になっている廃線跡や、街中にある廃線跡であれば、1年を通して楽しめる。その場合でも、夏は水分補給と日差し対策、冬は寒さ対策を万全にしよう。

大分県の宮原線麻生釣駅跡は冬はホームと階段が姿を現すが……

夏は雑草に覆われ何もわからなくなる

廃止路線について調べるには

ここまでもいくつか、筆者のおすすめの廃線跡を例にとって紹介してきたが、可能な限り事前に情報を得ておくと巡る楽しみがグッと増す。廃線跡を調べる方法はたくさんあるが、手軽で代表的な方法として①ウィキペディアを起点に調べる、②過去の書籍や雑誌記事を調べる、③インターネットの地理情報システムで古地図を見る、④廃線跡情報が掲載されたウェブサイトを見る、の４つがある。順に紹介しよう。

①ウィキペディアを起点に調べる

インターネットの百科事典、ウィキペディアには都道府県別に国内の廃止鉄道路線の記事へのリンクをまとめた「日本の廃止鉄道路線一覧」という項目がある。一定のルールに従えば誰でも編集できる百科事典サイトなので、各ページの情報量や信頼性はさまざまながら、廃止された鉄道路線がどこにあるのかがわかる。「廃止後の状況」として、廃線跡の概要を掲載している路線もあり、目的地選びの参考になるだろう。

１９７０年代以降に廃止された路線は、たいてい途中駅の情報も掲載されている。駅の記事には所在地のリンクがあり、グーグルマップで現在の状況をつかむことも可能だ。

「日本の廃止鉄道路線一覧」から、石川県の「北陸鉄道能美線」を選んでみよう。北陸鉄道能美線は、石川県の新寺井駅（現・能美根上駅前）と鶴来駅とを結んでいた路線で、能美電の愛称で親しまれたが、1980（昭和55）年に廃止された。ウィキペディアの能美線のページには、路線と駅のデータや歴史、営業収支、廃線後の状況などが並び、最後に外部リンクとして能美市が発行している冊子「能美電ものがたり」へのリンクがある。リンク先では、能美市教育委員会が発行した冊子「能美電ものがたり」の全ページを閲覧・ダウンロードできる。冊子には能美線の歴史や、当時を知る人の証言が豊富な写真や資料とともにフルカラーで掲載され、能美市内については今昔対比写真による各駅跡の

ウィキペディア

現況まで書かれている。それによれば、能美線の廃線跡は、全長16・7㎞のうち能美市内の10㎞あまりが2000本のソメイヨシノが植樹された遊歩道「健康ロード」になり、一部の途中駅にはモニュメントもあるという。ウィキペディアの記事の参考文献や外部リンクには、こうした有益な情報へのリンクが少なくない。今は消えてしまった有益なホームページを、アーカイブとして残しているサービスを通じて見られることもある。ウィキペディアを起点にして資料を調べると、より深くその路線を知ることができる。

②過去の書籍や雑誌記事を調べる

何でもかんでもインターネットで情報が手に入るわけではない。過去の鉄道や廃線跡についての信頼できる情報は、やはり過去に発行された書籍や雑誌だ。ウィキペディアに記された参考文献も、ネット上では見られない書籍や雑誌記事が多い。

書店や古書店で資料を探す作業も楽しいが、便利なのが国立国会図書館（https://www.ndl.go.jp/）だ。国内で刊行された出版物は、必ず国会図書館に納本する決まりで、ほとんどの書籍・雑誌資料が納められている。北陸鉄道能美線の場合、「能美線」「能美電」で検索すれば新旧の資料がヒットするほか、ウィキペディアに参考文献として記されている

「北陸鉄道50年史」や「寺井町史」といった社史、自治体史も収蔵されている。

国会図書館を利用できるのは18歳以上に限られ、利用には利用者登録が必要だ。資料は原則として館内でのみ閲覧できるが、蔵書はインターネットからでも館内の端末と同じシステムで検索できる。デジタル化された資料は「国立国会図書館デジタルコレクション」で公開され、館内のＰＣで直接閲覧が可能だ。インターネット経由でも目次までは参照できる。

国会図書館は、いちいち資料請求が必要な点や、日曜日が休館で会社員にはやや利用しづらいなど、面倒な点はある。それでも国内のあらゆる資料を閲覧できる安心感は大きい。複写（コピー）も可能なので、過去の鉄道について知りたい人は一度利用してみるといい。

鉄道趣味誌のバックナンバーも有力な情報源だ。「鉄道ダイヤ情報」などの鉄道趣味誌は、国立国会図書館や東京都立図書館といった大きな図書館であればバックナンバーが揃っている。国会図書館の場合、一部の雑誌は２０００年より前のバックナンバーがデジタル化されており、個別の記事をキーワード検索できる。廃線跡に関する記事はもちろん、今は廃止された路線の現役時代のルポが読める場合もあるなど、その鉄道路線を知るのに大いに役立つ。

創刊号からのバックナンバーを独自に電子化してサブスクリプション（月額課金制）で公開している雑誌もある。月数百円でいつでも昭和30年代からの鉄道記事を検索・閲覧できるのはとても便利だ。

さらに、現地を訪れ、時間に余裕のある時は、沿線自治体の図書館や郷土資料館もチェックしたい。郷土資料のコーナーには、たいていその地域を走っていた鉄道についての資料がある。過去にその鉄道の特別展を開催したことのある施設なら、資料は特に充実している。ネットや国会図書館では読めない、手作りの資料が見つかることもある。案内カウンターで「〇〇鉄道について調べたいのですが」と尋ねれば、親切に教えてくれる。

国立国会図書館

国立国会図書館ウェブサイト

③ インターネットの古地図で探す

第2章で紹介した、「今昔マップ」をはじめとする地理情報システムを利用して路線を調べる方法だ。先にウィキペディアの「日本の廃止鉄道路線一覧」を見てあたりをつけておいてもいい。

戦前戦後の古地図を眺めていると、現在は存在しない鉄道に気がつく。見慣れない鉄道を見つけたら、現在の地図や航空写真と見比べてみる。何か遺構がありそうだったら、実際に現地へ行ってみる。

ある日、「今昔マップ」の首都圏エリアで、JR中央線沿線の古地図を眺めていた。多摩川周辺にはかつて川原から採取した砂利を運ぶ貨物線がいくつもあった。現在の南武線も、ルーツは多摩川の砂利運搬を目的とした私鉄だった。

「1927~1939年」の古地図には、武蔵境駅から境浄水場へ入る専用線、現在は武蔵野線となった下河原貨物線（国分寺~下河原間）、立川~日野間で分岐して多摩川の川原を約5㎞上流へ遡る多摩川貨物線など多くの今は亡き鉄道線が書き込まれている。

八王子駅まで来ると、見たことのない鉄道線があった。八王子の手前で、中央線は京王電気軌道（現・京王電鉄）と立体交差するのだが、そのすぐ南で、横浜線から分岐した路線が京王電軌と交差している。謎の鉄道はしばらく中央本線と並走し、京王電気軌道の手前で途切れていた。

この鉄道は、八王子煉瓦製造の専用線だ。八王子煉瓦製造は、1897（明治30）年に現在の京王電鉄長沼駅に近い湯殿川沿いで操業を開始した工場で、多摩丘陵で採れた粘土を原料として煉瓦を製造していた。生産された煉瓦は専用線で八王子へ運ばれ、その前年に着工した中央本線八王子～塩尻間の建設に使用された。しかし、1907（明治40）年に横浜の関東煉瓦に売却され、さらに大阪窯業に買収されて同社の八王子工場となった。そして1932（昭和7）年に火災によって工場が閉鎖され、専用線も廃止された。

現在の地図には、専用線の痕跡は見られない。だが最新の航空写真を見ると、横浜線からの分岐付近の建物が、専用線の線路に沿って斜めを向いていることに気づく。さらにストリートビューで分岐付近の写真を見ているうちに、京王線の線路脇に古い橋台が残されていることに気づいた。京王電鉄の電車は、毎日90年前に廃止された鉄道の橋台横を行き来していたのだ。

古地図で鉄道の痕跡を見つけたら、次は現地を訪れる番だ。あちこちをネット上で旅して、行ってみたいところをストックしよう。

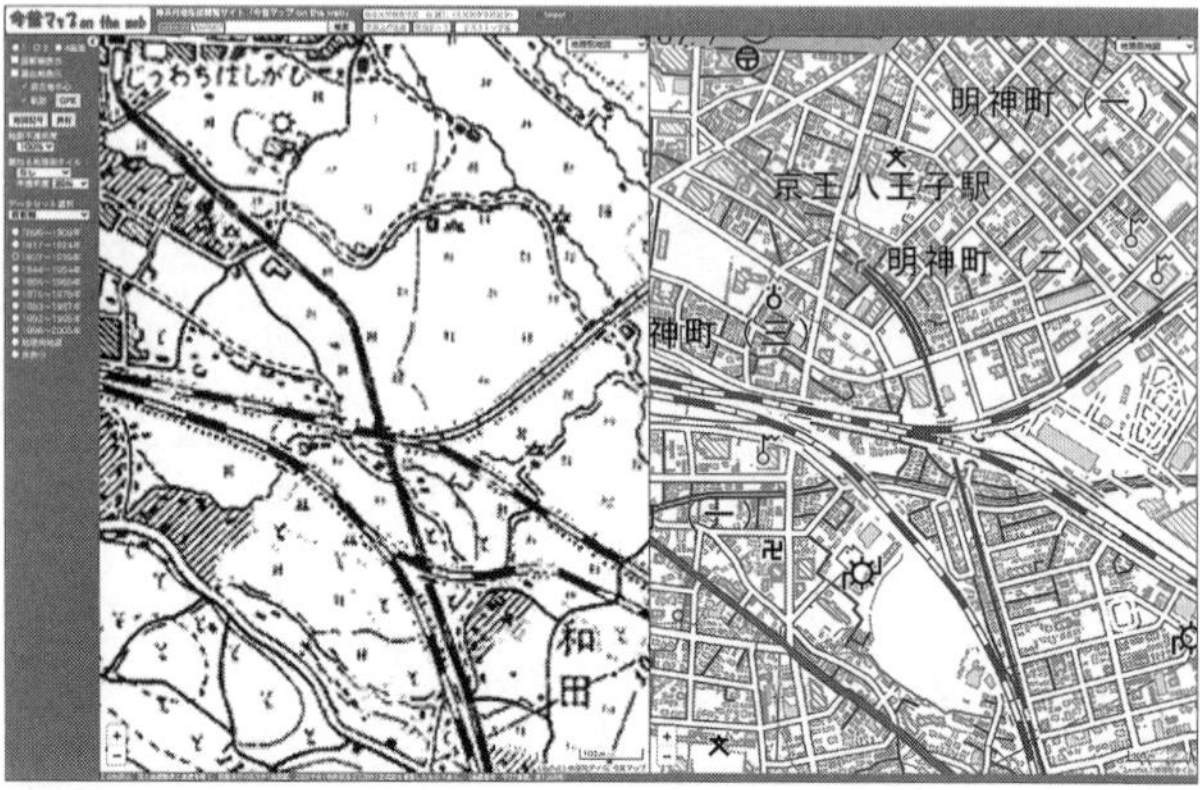

古地図には横浜線から分岐して京王電軌と立体交差して東へ向かう鉄道がある

京王線の線路脇に残る大阪窯業専用線橋台跡

④ 廃線跡情報のウェブサイトを見る

全国の廃線跡は、多くの愛好家が探訪し、ネット上には無数の体験記が公開されている。こうした先人たちの記録を読むのも大いに参考になる。公開から時間が経過したものは、情報が古くなっている可能性があることは書籍と同じ。中には、閉鎖されたトンネルに進入するなど、危険を伴う無茶な探検を公開している人もいるので、安直に真似をしないよう気をつけたい。

廃線跡探訪をテーマにしたウェブサイトはたくさんあるが、情報が特に充実しているサイトのひとつが、「歩鉄の達人」の「廃線探索写真集」だ。これは、〝歩鉄の達人〟こと土橋洋一さんが運営する個人サイトで、全国約700カ所に及ぶ廃線跡を実際に徒歩で訪れ、現地で見つけた遺構や廃線跡の様子を写真と簡潔な文章、そして地理院地図と過去の航空写真で紹介している。地理院地図と航空写真は、国土地理院の地図利用のルールに沿って引用されており、各写真の正確な場所が地図上にプロットされていたり、マウスポインタを地図上に置くと同じ範囲の航空写真が表示されたりと、使いやすさも優れている。

サイトを運営している土橋さんは、鉄道に限らず、何かに凝り始めるととことん極めたくなる性格だという。以前、大きな病気を経験したことがきっかけで、生きているうちにやりたいことをやろうと廃線跡探訪を本格化させ、気がつくと国内の主だった廃止路線を行きつくしてしまった。廃線跡以外でも、全国の自治体のマンホール写真や全国の煉瓦構造物など、さまざまなコンテンツがある。

「歩鉄の達人」で取り上げられている廃線跡は、国鉄ローカル線から炭鉱鉄道、未成線、ルート変更前の旧線、森林鉄道と極めて多岐にわたる。中には、経験豊富な土橋さんだからこそ辿れた、素人が真似をすると危険を伴うようなケースもある。参考にする際はよく読んで自分のレベルに合うか判断するといい。

もっとも、あまりにも情報が豊富であるために、読み過ぎると現地での発見の喜びが薄れてしまう可能性もある。おすすめの使い方

「歩鉄の達人」より

歩鉄の達人

https://www.hotetu.net/

地理院地図を使いこなしわかりやすい「歩鉄の達人」。廃線跡だけでなく、全国の自治体のマンホール写真を集めるなど、さまざまなコンテンツがあり楽しめる。

は、普段から記事をざっと読んで、行ってみたい廃線跡をピックアップしておくというものだ。絶対に外せないスポットや、危険そうなポイントをチェックしたら、現地ではなるべく「歩鉄の達人」は見ないようにして、通常の地図や地理情報システムを利用しよう。

現地の交通機関を調べよう

廃線跡を訪れる時、重要なのが交通機関だ。特に徒歩で訪れる場合、路線バスの事前チェックはとても大切だ。なんとかなるだろうと調べずに現地を訪れると、帰りの交通手段がなく、タクシーすら呼べないという事態も十分ありうる。

現代は、国内のほぼあらゆる公共交通機関がウェブサイトを公開しており、運行路線や時刻、運賃などを調べることができる。沿線の地名と「バス」で検索すれば、たいてい知りたいバス路線の時刻表が見つかるはずだ。例えば、石川県の新小松駅（国鉄小松駅に隣接）と尾小屋駅とを結んでいた尾小屋鉄道を訪れるなら、「尾小屋　バス」で検索すれば、乗換案内サービスや小松市などのウェブサイトがヒットする。小松市のページで「尾小屋線」の時刻を確認すると、1日たったの2往復ではあるものの、路線バスが運行されていることがわかった。

適当な路線が見つからないこともある。大分県の恵良駅と熊本県の肥後小国駅とを結んでいた国鉄宮原線は、「肥後小国　バス」などと検索しても、適当なバスが見つからない。「国鉄宮原線　代替バス」で検索すると、今は大分県側の豊後森～麻生釣《あそづる》間のみ運行されていることがわかった。しかも、麻生釣まで来るバスは平日に1日1本だけ。こうなると、レンタカーを手段のひとつに加える必要が出てくる。

グーグルに運行情報を提供しているバス会社や自治体なら、グーグルマップ上に表示されたバス停アイコンをクリックすれば運行時刻を閲覧できる。ただし、こうしたネット上の情報は、公式サイトでも正しいとは限らない。最終的には、沿線の役場やバス会社に電話をかけて、公共交通機関の有無や時刻を確認するのがいちばん確実だ。

平日に1日1本のみとなった麻生釣のバス

第5章
廃線跡巡りの持ち物はどうする

登山やハイキングをイメージした装備が大切

適切な持ち物や服装は、街中の遊歩道なのか、里山歩きなのか、藪の中を歩くことになるのかなど、訪れる廃線跡の状況によって変わるが、基本的に低山ハイキングをイメージするといい。

道路化されていない廃線跡は舗装されていないし、周囲に雨宿りする場所がない状況で急に雨が降り出すこともある。鉄道趣味のひとつだと思って、街中の観光旅行のスタイルで出かけると、思わぬ怪我をすることさえある。廃線跡巡りを安全に楽しむには、最低限の装備を揃えていくことが大切だ。

必ず用意すべき持ち物が、帽子、リュック、ウォーキングシューズまたはトレッキングシューズだ。

帽子

曇りの日でも必需品

最も大切な装備は、帽子だ。廃線跡巡りは、とにかく外をよく歩く。夏場は炎天下を何時間も歩くこともあるし、周囲に休憩できる日陰がない場所も多い。意外に紫外線も浴びるので、季節を問わず、自分の頭にフィットした帽子を用意していこう。

帽子のタイプは、ハットタイプ、キャップタイプ、ニット帽などがある。ハットタイプは全方向からの日差しを防いでくれ、首筋の日焼けも防げるので、夏場の晴れた日におすすめだ。キャップタイプは着脱しやすく、急に雨が降ってきた時には帽子の上からフードを被れるので、春から梅雨、秋など天候が変わりやすい時期におすすめ。筆者はサイズ調整がゴムになっているキャップを使っている。ゴムの伸縮性によって頭にフィットするうえ、ある程度風が吹いても飛ばされにくい。

気温が0度近くまで下がるような真冬は、ニット帽が暖かい。もっと寒いときは，耳当ても用意しよう。

バッグ

両手が空くリュックがいい

バッグは、両手が空くリュックがいい。廃線跡巡りには常に転倒のリスクがつきまとうからだ。キャンプをするわけではないので、大きさは20ℓくらいのコンパクトなものでいい。横にファスナーが付いていて、中のものを取り出しやすいタイプがよい。肩を通すショルダーハーネスは疲れに直結するので、なるべく太く肉厚なものを選ぼう。できれば店で実際に背負ってみて、身体にフィットするものを選びたい。

シューズ

ミドルカットを選びたい

廃線跡巡りは1日10～25km歩くので、シューズ選びは重要だ。山道を歩くならミドルカットのトレッキングシューズがいい。街中の廃線跡でも、舗装されていない線路敷は山道と同じ。しっかりした防滑のソール（靴底）と、防水または撥水の素材を使ったものを選びたい。軽い方が疲れないが、あまり軽いシューズはソールの素材が軽く、バラストからのショックがダイレクトに足に伝わるので、ある程度がっしりしたソールの方がいい。市街地中心なら普通のスニーカーとルックスが変わらないローカットでも十分だが、人里離れた山道を歩く場合は、足首をしっかりカバーするミドルカットを選びたい。

山道を歩くなら右のようなミドルカットのシューズを

熊避け鈴
ほぼ必需品！ 命を守るアイテム

ほかにも、揃えておきたいものがある。ほぼ必需品となっているのが熊避け鈴だ。近年、熊による事故は増加している。2021（令和3）年7月に北海道福島町で発生した、女性がヒグマに襲われて死亡したと思われる事件は、旧国鉄松前線白符駅跡に近い、廃線路を探索していると足を踏み入れやすい場所で発生した。

熊は本来臆病な動物で、人間の存在に気づけば自分から逃げていく。危険なのは、トンネルや橋といった遺構に気を取られているうちに、熊と鉢合わせしてしまうことだ。これを避けるため、熊避け鈴をバッグに取り付け、絶えず音を鳴らして歩く。鈴の音は、かなり遠くにいる熊の耳にも届くので、姿を確認する前に逃げていく。熊避け鈴がない場合はラジオでもいい。ただし、スマホのラジオアプリは電波が届かなければ機能しない。

最も良いのは、2人以上で会話をしながら、熊避け鈴を鳴らして歩くことだ。

近年熊との遭遇事故が激増している。山間部では必ずバッグにつけること

レインウェア

傘では役に立たない

雨対策も大切だ。街中の廃線跡や遊歩道を歩くだけなら傘でもよいが、山間部は急な天候変化があるので、できれば両手が自由になるレインウェアを持参したい。近年は夏場にゲリラ豪雨が発生することも多く、ゲリラ豪雨に傘は無力だ。レインウェアは、やはり登山やハイキングに準じた装備がいい。防水性と蒸れない透湿性を両立したゴアテックス素材の製品が望ましいが、3万円前後と高価なので、有名メーカーの1万円クラスの製品もおすすめ。コンパクトに折りたたんでフードに収納できるタイプがいい。

懐中電灯

公開されたトンネルを歩くなら必要

トンネルを通行する可能性があるなら、懐中電灯が必要だ。兵庫県の生瀬〜武田尾間にある旧国鉄福知山線の旧線跡は、ハイキングコースとして線路跡が開放されているが、途中のトンネルは灯りがない。トンネル内にカーブがあって真っ暗闇になる区間もあるので、懐中電灯は必須だ。ＬＥＤライトの明るさは光の量（ルーメン）で表現されるが、乾電池が使えて安価な100ルーメンクラスはちょっと心許ない。明るさと照射範囲を調整できて、最大光量1200ルーメンクラスのLED懐中電灯がおすすめだ。頭につけるヘッドライトタイプは探検気分が盛り上がるが、普段の生活ではちょっと使いにくいので、通常のペンタイプで十分だ。

水筒
水分補給は何より大切

重宝するのが水筒だ。廃線跡は周囲にコンビニなどがないことも多く、水分と行動食の準備は必須。ペットボトルをそのまま持ち歩いてもいいが、ぬるくなるうえ衛生的にも問題がある。保温性のあるマグタイプの水筒に移し替えると、長時間冷たいまま、あるいは温かいまま飲むことができる。ボタンを押すと開くワンタッチタイプの350～500㎖がおすすめだ。

アルミ製マグタイプ水筒のワンタッチタイプが便利

その他の持ち物

夏の廃線跡巡りは、虫との闘いだ。虫が苦手な人はこの時期を避けたほうがよいが、夏に出かけるなら虫除け薬と日焼け止めは必要。山に入る場合は、軍手も用意しよう。

意外に役に立つのがクリアファイル。駅や観光案内所で配布しているパンフレットや冊子をきれいに持ち帰られる。

メモ帳と筆記具もあった方がいい。筆記具はノック式の油性またはゲルインク式ボールペンが、いつでもすぐに使えて便利だ。キャップ式は書き始めるまでに一手間かかり、キャップをなくしやすい。

服装はどうする？

真夏でも必ず長袖・ロングパンツが鉄則だ。特に山の中を半袖シャツで歩くと、ヒルやマダニといった吸血生物に噛まれたり、木の枝や藪で怪我をしたりといった危険がある。必ず長袖のシャツを用意し、裾はパンツに入れる。夏場は黒っぽい服装を避けたほうがよい。黒はスズメバチを刺激する。白いシャツなど、明るい色の服装を心がけよう。

廃線跡巡りで長距離を歩くと大量に汗をかく。汗をかいた状態のままトンネルなどに入ると、真夏でも低体温症にかかることがあり、危険だ。そこで、シャツ類は速乾性に優れたポリエステルなどの化学繊維を使ったものがよい。

冬は、フリースのような防寒着を通常より1枚多く持っていく。また、寒くても長時間の徒歩は汗をかくので、アンダーには吸汗性に優れた素材の肌着を着ておきたい。

廃線跡巡りに欠かせないスマートフォン

現代の廃線跡巡りにスマートフォンは欠かせない。特にカメラは、基本的にスマホのカメラを使うのが最適だ。理由は、ＧＰＳ機能にある。廃線跡巡りでは、ＧＰＳ機能が非常に役に立つ。

廃線跡で見つけた遺構を撮影しても、あとから見ると、どれをどこで撮影したのか、正確な撮影場所がわからなくなってしまうことが多い。そこで、ＧＰＳ機能を備えたスマホの出番となる。スマホは、トンネル内を除いて、標準のカメラアプリで撮影するだけで精度の高い位置情報を記録してくれる。写真アプリや地図アプリで、正確な撮影位置を表示させることができ、何もしなくても、それだけで貴重な探訪の記録となる。

スマホには主にｉＰｈｏｎｅとＡｎｄｒｏｉｄがあるが、基本的には好みの規格を選ぼう。廃線跡巡りに向いているのは、画面が大きく明るく、バッテリー容量が多い機種だ。地図は大画面の方が見やすいし、GPS機能はバッテリーを消費する。意外に大切なポイントが画面の輝度（明るさ）だ。普及機種の中には、解像度が高くても輝度が低く、晴天屋外時に地図が見づらくなってしまうものもある。バッテリー容量は、大きいほど便利で、4000mAh以上あればとりあえず安心だ。

スマホと同じくらい重要なモバイルバッテリー

スマホとともに用意したいのが、モバイルバッテリーだ。廃線跡巡りでは、1日中スマホの地図アプリとカメラ機能を使うので、どれだけ大容量のバッテリーを搭載していてもモバイルバッテリーは必要になる。10000mAh程度の製品が、価格と重さ、使い勝手のバランスがよい。5000mAh以下の製品はコンパクトだが、すぐに容量がなくなってしまい、宿でスマホと一緒にモバイルバッテリーも充電することになる。USB－C端子を備え、急速

外で使うなら画面の明るさは輝度500ニト以上の製品を選びたい

充電が可能なＰＤ機能を搭載した製品なら安心だ。ただし、中には粗悪品もあるので、できれば有名ブランドの製品を選びたい。

スマホの落下防止にネックストラップを

ストラップホール付きのスマホケースとネックストラップも必需品だ。廃線跡の探索中は、地図を見たり写真を撮ったりするために頻繁にスマホを出し入れするが、うっかり手を滑らせて落としてしまうことがある。そこで、首からスマホを下げるネックストラップをつけておくと安心。ストラップをワンタッチで着脱できるリング付きネックストラップなら、必要に応じてストラップから取り外せ、リングに指を通して使えるので落としにくく便利だ。

もっとも、ｉＰｈｏｎｅをはじめ最近のスマホは、ストラップを取り付ける穴がない機種が多い。そこで、ストラップホール付きのスマホカバーを使おう。スマホカバーを使いたくない人や、おしゃれなケースを使っている人は、脱

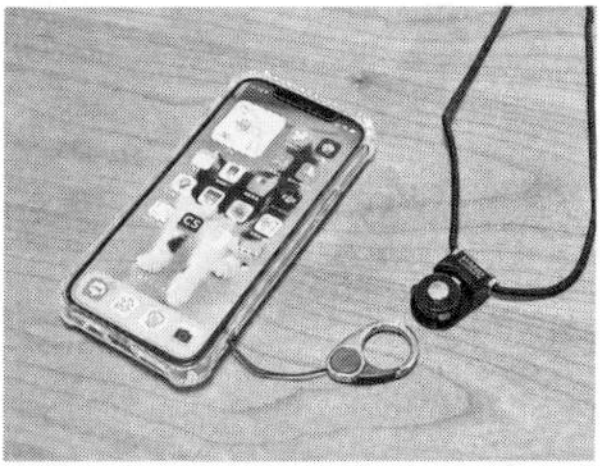

ワンタッチで取り外しができるタイプが便利だ

着が簡単なソフトタイプのＴＰＵケースを選び、廃線跡巡りに出かける時だけ装着するといい。

廃線跡巡りに適したカメラ

今のスマホはかなり綺麗な写真が撮れるが、それはスマホ画面で見た時の話。ＰＣなどの大画面で見ると、やたらと色が派手だったり、輪郭が不自然に強調されていたりと感じることがある。特に、青々とした木々の葉がたくさん写っているような写真では、そうした傾向を強く感じる。

本当に高画質な写真を撮るなら、やはりデジタルカメラを使いたい。カメラは、使い慣れたもの、自分が使いたいカメラを使うのが一番だ。そのうえで、廃線跡巡りに適したカメラの条件を挙げるとすれば、軽くて小型のカメラがいい。廃線跡巡りは、とにかく歩く。時には１日で20㎞以上歩くこともある。そんな時、レンズ込みで１㎏を超えるようなカメラシステムを持ち歩くのはしんどい。

最近は、35㎜フィルムとほぼ同じ大きさの撮像素子を搭載したフルサイズ一眼カメラが人気だ。フルサイズ一眼は非常に高画質で、暗所に強くボケも美しい。その一方で、特にレンズがどうしても大きく重くなってしまう。アクティブに廃線跡を探索するなら、APS－Cやマイクロフォーサーズといった撮像素子が小さな規格をおすすめしたい。レンズ交換式にこだわらなければ、さらに一回り小さい1インチの撮像素子を使った高級コンパクトデジカメもいい。

一眼カメラのようなレンズ交換式カメラを使うなら、レンズは写る広さを示す焦点距離が「フルサイズ換算24㎜相当」から始まるレンズを選ぼう。この数字が小さいほど広い範囲が写るが、カメラに最初からついてくるレンズは28㎜相当（APS－C18㎜、マイクロフォーサーズ14㎜）から始まるものが多い。しかし、これは意外に狭い範囲しか写らない。24㎜相当（APS－C16㎜、マイクロフォーサーズ12㎜）スタートのレンズがおすすめだ。望遠側は200㎜相当（APS－C約135㎜、マイクロフォーサーズ100㎜）程度のレンズがあれば大丈夫。オートフォーカスの速度も、それほど速く静かでなくても廃線跡の撮影には十分だ。

光を取り込む量を表すF値は、数字が小さいほど暗い

オリンパスE-M10mkⅡ+12-40mmF2.8レンズとソニーRX100mkⅦ。どちらも軽くて写りがよい

ところでも明るく撮れる。森の中などは意外なほど暗いので、F2・8から始まるレンズをおすすめしたいが、高価なので手ぶれ補正が付いていればF3・5程度でもいい。

PLフィルターも用意したい

カメラ・レンズ以外では、レンズ交換式カメラを使う場合に用意したいのがPL（偏光）フィルターだ。2枚のガラスの間に偏光膜が入っており、フィルターの先を回転させると光の反射を抑えることができる。

晴れた日に木々が茂った風景を撮影すると、葉の表面に太陽光が反射して、木々の緑が真っ白に写ってしまうことがある。PLフィルターを使えば、この反射をある程度カットして、緑に包まれた鉄道遺構の雰囲気を引き立てることができる。ただし、偏光膜を通す分、レンズに入る光が減ってシャッタースピードが遅くなる点と、PLフィルター自体が1万円前後と高価であることが難点だ。レンズは、それぞれフィルター径（直径）が決まっており、使いたいレンズのフィルター径に合ったものを購入しよう。

持ち物チェックリスト

	チェック
帽子	
熊避け鈴	
レインウェア	
懐中電灯	
水筒	
虫除け薬	
日焼け止め	
スマートフォン	
モバイルバッテリー	
カメラ	
カメラ用予備バッテリー	
軍手	
汗拭きタオル	
予備の防寒具	
予備のシャツ類	
メモ帳	
ボールペン	
クリアファイル	

第6章

廃線跡を訪れたらこう歩こう

廃線跡巡りの交通手段① 徒歩

訪れる路線を決め、時期を選び、持ち物も準備した。いよいよ廃線跡巡りに出かけよう。廃線跡は、徒歩でたどるのが基本だ。線路跡に残る遺構をじっくり観察できるし、速度は遅くても自由に移動できる。

人によって差はあるが、徒歩の場合、1日に歩ける距離は10～25km程度だ。ただし、これを訪れる路線の営業キロにあてはめることはできない。線路跡をずっと歩くことは難しく、たいてい線路跡に対してジグザクに歩くことになるからだ。橋梁やトンネルなど、通過できない遺構に行き当たって引き返すこともある。だいたい、営業キロに対して1・5～2・5倍程度の距離を歩くと思っておきたい。

人は通常時速4km前後で歩くが、廃線跡をたどる時は平均時速2～3kmに落ちる。バラストが残る線路跡を、舗装道路と同じように歩くことはできない。舗装道路でも、立ち止まって地図を見たり、遺構を観察したり写真を撮る時間も必要だ。

1日に行動できる時間は、だいたい8時間程度。平均歩行速度を時速3kmとして1日に24km程度歩ける計算だ。営業キロに対し2倍程度の距離を歩くことになると想定して、1日に12km程度の廃線区間をたどれることになる。福島県の国鉄日中線跡（11・6km）なら

1日で歩けるが、鳥取県の国鉄倉吉線跡（20・0㎞）なら2日はかかる。あらかじめ無理のないプランを立て、地図アプリでコンビニや飲食店の位置を確認しておく。

郊外の廃線跡で、計画した地点までたどり着けそうもない場合は、日没の1時間前には行動を終了する。事前に路線バスのルートや時刻を調べておき、公共交通機関がない場合は、タクシーを呼べるかも確認しておこう。このほか、地域の観光協会や、役場の電話番号を控えておくと便利だ。

通行できる場所、できない場所

廃線跡巡りは、前述したように「今昔マップ」「ひなたGIS」などの地理情報システムか、「スーパー地形」アプリで昔の地図や航空写真を表示させながらたどると、廃線跡のルートがわかりやすい。鉄道があった時代の地図に、GPSによる現在位置を重ねれば、どこをどう歩けばよいか一目瞭然だ。「スーパー地形」は、有料版であれば地理院地図などのデータをあらかじめ一括ダウンロードしておけるので、携帯の電波が届かないエリアがあっても心強い（航空写真などは一括ダウンロード不可）。

線路跡を直接歩けるかどうかの見極めは重要だ。まず、すべて自己責任であることは大前提。地図に道路として掲載されていなくても、踏み跡やタイヤ痕があるなど生活道路として使われている線路跡は、立入禁止の表示がない限り通行しても問題ない。

明確に「立入禁止」と表示されている場合は、踏み跡があっても立ち入ってはいけない。立入禁止の札が壊れている場合もあるので、周囲をよく確認しよう。名古屋鉄道の廃線跡は、周辺住民が生活道路として使っていたり、花や野菜を栽培していたりする場所が多いが、よく見るとたいてい「立入禁止」の立て札が並んでいる。埼玉県の西武安比奈線の廃線跡も同様だ。こうした場所は、線路跡に立ち入らず、周辺の道路から観察する。

柵やロープがあっても、必ずしも立入禁止とは限らない。自動車が誤って入らないようロープを張っている場合もあるし、近年はイノシシの侵入を防ぐ柵も増えた。こうした場所は、自己責任ながら徒歩での通行が可能だ。

雑草や薮、倒木が生い茂り、足もとや前方が見通せない線路跡は要注意だ。視線の高さまで雑草がのびている場所は、やめておこう。見えない穴や段差にはまって負傷する恐れがあるうえ、マムシやマダニ、ヒル、スズメバチ、熊などの動物と遭遇する危険性も高い。先が見通せない線路跡に立ち入り、携帯の電波が届かないところでルートを見失なえば、遭難の危険すらある。この先にトンネルがあるはずだ、と思っても、撤退する勇気を持とう。山間部や森に近い地域を歩く場合は、例え周囲に民家が何軒もあっても熊避け鈴を鳴らしながら歩くことを心がけたい。

最も注意が必要なのが、トンネルと橋梁跡だ。桁橋は残っていても、道路化されていない限り渡らないこと。鉄道橋は人が渡る前提でできておらず、足を滑らせれば命に関わる。

トンネルも、柵や板などで入口が塞がれている場合は、絶対に入ってはいけない。トンネル内は真の闇で、地下水や雨水によって内部が水没していることもある。入ってもよいのは、坑口が開放されていて、新しい踏み跡やタイ

イノシシ対策の柵。立入禁止と書かれていなければ自己責任で通行可能。尾小屋鉄道

名鉄の廃線跡は生活道路や家庭菜園として使われているが立入禁止だ

橋梁は最も注意が必要な遺構。道路として使われていない限りは手前から眺めるだけにしよう。くりはら田園鉄道

ヤ痕があり、反対側の坑口が見えている場合だけだ。その場合も、1000ルーメン以上の十分な光量がある懐中電灯を持っていく。

廃線跡巡りの交通手段②　自動車・レンタカー

路線延長が何十kmにも及ぶような長大路線や、路線バスすらなくなってしまった路線の跡をたどるには車が必要になる。今は、主要な駅の周辺には必ずレンタカー業者があるので、車は気軽に借りられる。中古車を活用した格安レンタカーもあり、1日3000円程度と安い。ただしこの場合、タイヤなどの装備は貧弱なので、車に乗ったまま線路跡のあぜ道を走ったりすることは避けたい。また、最近は会員制のカーシェアリングも人気だ。カーシェアリングというと、1台の車を複数の会員でシェアするイメージがあったが、今は全国の都市に配置された車を、スマホからの簡単な手続きで即運転できるサービスに進化している。旅の途中、数時間だけ利用してあの鉄道の、あの遺構を見てみたい……と、ピンポイントで巡りたい時に便利だ。

車を使って廃線跡をたどる場合は、運転しながらキョロキョロしたりせず、事前に地図を見て観察するポイントを決めておく。駐車禁止の標識がなくても住宅地での路上駐車はできる限り避け、なるべくなら、地元の人に事情を話してしばらく駐車してもよいか尋ねるようにしたい。

車は、最終的にその場所に戻ってこなくてはならないのが難点だ。駐車場所の周辺だけを見て回るか、駐車場に駐車してから歩いて廃線跡をまわり、バスやタクシーで戻ってくる。

石川県能登半島にある、のと鉄道能登線の廃線跡を訪れた時は、駅舎がそのまま残る鵜川駅跡の広場に車を置かせてもらい、約10km先の宇出津まで歩いた。この区間は線路跡が海沿いの国道249号に並走しており、海と線路跡を見ながらさわやかな散策を楽しめる。途中、県立

カーシェアリングが地方都市にも普及し始め便利になった

のと鉄道能登線跡は代替バスが比較的多く車や徒歩と組み合わせたい

堀割の中に眠るのと鉄道NT123

能登県民テニスコート裏の橋の下にはNT１２３気動車が放置に近い形で「保存」されており、少し離れた踏切跡から観察できるのもいい。能登町役場になった宇出津駅跡まで、3時間ほどかけて歩いたら、1〜2時間に1本あるのと鉄道転換バスに乗り、20分弱で鵜川駅跡へ戻る。全長60㎞余りある能登線は、こうして車とバスと徒歩を組み合わせて巡るのがおすすめだ。

代替バスが少ない路線では、まず終着駅などゴール付近に車を停め、バスで起点方に戻って歩くという方法もある。コンビニなどに勝手に車を置いたり、駐車禁止場所に放置したりすることのないよう注意したい。

廃線跡巡りの交通手段③　自転車

自転車は、廃線跡巡りに最適なツールだ。徒歩よりも行動範囲が大幅に広がり、一時的な駐輪場所に困ることも少ない。運転しづらい未舗装道路では自転車から降りて歩けばよく、1日の行動範囲は徒歩の10〜20㎞から20〜70㎞にまで広がる。サイクリングロード化された廃線跡は、徒歩では変化に乏しく飽きてしまうが、自転車なら楽しく走り通せる。

観光地に近い廃線跡や、有名なサイクリングロードとなった廃線跡では、レンタサイクルを利用できる。一度は訪れたいのが、茨城県の「つくばりんりんロード」だ。常磐線土浦駅と水戸線岩瀬駅とを結んでいた筑波鉄道の廃線跡を利用した自転車道で、一部の駅はホームや駅舎がそのまま保存されている。土浦駅前のりんりんスクエアや岩瀬駅前の高砂旅館などではクロスバイクなどのレンタサイクルを利用でき、しかも貸出場所と返却場所は別の場所を選択可能だ。土浦で自転車を借り、約40㎞の廃線跡ロードを走りきって、終着・岩瀬駅で返却という使い方ができる（3日前までにウェブでの予約が必要）。

岡山県の片上鉄道の廃線跡を整備した「片鉄ロマン街道」や、北陸本線糸魚川～直江津間の旧線跡を利用した久比岐自転車道なども、レンタサイクルが用意されている。ただし、借りた場所に返却しなくてはならないので、往復する必要がある。

自分で自転車を用意する方法もある。

近年注目を集めているのが折りたたみ自転車だ。6～8㎏と軽量で、折りたたみ手順も工具いらずで2～3分と簡単。5000円程度の輪行袋に入れれば、ほとんどの鉄道が無料で車内に持ち込め、駅の大型ロッカーにも入る。廃線跡を利用したサイクリングロードや、市街地の廃線跡をたどるのにぴったりだ。

折りたたみ自転車は、ネット通販サイトでは1万円台から売られているが、あまりに安いものは品質が悪いうえに重く、持ち運びに適さない。タイヤ径が14～20インチで4～10万円程度のアルミ製自転車がいい。変速機付きなら、ある程度坂道も登れる。アメリカ・ダホン社のK3や、ルノーのウルトラライト7シリーズあたりがおすすめだ（いずれも約8kgで9万円程度)。このくらい軽ければ女性でも持ち運びできる。スピードはあまり出ないが、廃線跡巡りで飛ばしても意味がない。ゆっくり走るおかげで、ちょっとした遺構を見逃さずに済む。

筆者が折りたたみ自転車に出会ったのは、静岡鉄道駿遠線の廃線跡をたどった時のことだ。駿遠線の記録と伝承に取り組んでいる御前崎市議会議員の方から、「線路跡をたどるなら自転車が便利ですよ」と、折りたたみ自転車を貸していただいたのだ。

全長64・6kmの静岡鉄道駿遠線は、全国有数の路線長を誇る軽便鉄道だった。現在はほとんどの区間が県道か遊歩道に整備されているが、この距離を徒歩でたどるのはさすがにしんどい。折りたたみ自転車があったおかげで、1日で30km以上を快適にたどることができた。一目で「サイクリングをしている旅行者」とわかるので、地元の人に話しかけやすいという利点もある。

自転車は、購入時に簡単な調整が必要なので、必ず実店舗で購入しよう。自転車用のへ

廃線跡巡りに最適な折りたたみ自転車。これは4万円で購入できるルノーライト8

つくばりんりんロードは廃線跡らしい遺構も見ながらサイクリングを楽しめる。新土浦

ルメットも必須。最近は帽子のようなスタイルの、おしゃれな自転車用ヘルメットも登場している。

自転車を輪行袋に入れて電車に乗る時は、倒れないようひもで固定するか、手でつかんでおく。混雑する時間帯は避け、先頭車両や弱冷房車など、比較的空いている車両に乗るといい。運転席の後ろが定番だが、乗務員扉を塞がないように気をつけよう。

なお、高速バスは自転車の持ち込みを禁止していることが多い。路線バスは会社によるが、空いていれば乗れることが多い。ただしＪＲバスは不可。飛行機は可能だが、タイヤの空気を抜くことを条件にしている会社もある。

鉄道遺構を観察しよう

廃線跡巡りの醍醐味が、随所に残る鉄道遺構だ。ネットなどである程度事前に調べてあっても、いかにも鉄道らしい形のトンネルや橋台が現れると嬉しい。廃線跡を歩くと、どのような遺構を発見できるかを紹介しよう。

敷地境界標

土地の所有境界に打設された、コンクリートまたは御影石の杭。国鉄の敷地境界標は、「工」のマークが刻まれているが、これは明治時代に官設鉄道を整備した「工部省」のマークで、レールの断面をモチーフにしているとも言われている。私鉄の場合は、社章や社名が刻まれた敷地境界標を打設するのが普通だ。地中深くまで打ち込まれあまり邪魔にならないので、廃線跡が遊歩道などに整備された後も残りやすい。まずはこれを探してみよう。線路跡ではなく社員住宅などに打設されていることもある。

わざわざ民家のブロック塀に穴を開けて残しているところも。中央本線武蔵野競技場線

枕木・犬釘・バラスト

貴重な鉄資材であるレールは、多くの場合廃線後撤去されるが、木製の枕木やバラスト（砕石）はそのまま残されることが多い。枕木は、やがて風化し朽ちてしまうが、地面に埋め込まれた枕木が長期間残ることがある。犬釘はレールを路盤に固定する釘で、レールを押さえつける部分が犬の頭のように見えることから犬釘と呼ばれる。犬釘も、通常はレールの撤去と同時に回収されるが、大量に使われているので一部が線路跡に残されることがある。小さくても貴重な遺構であり、見つけても持ち帰ったりしないようにしよう。

レールの下に敷かれているバラストは、

廃止から20年以上が経過しても、犬釘や枕木が残っている。持ち帰りは厳禁だ。蒲原鉄道

廃止後長期間雨風にさらされて失われるが、一部が残る。土の上に散らばった同じような大きさの石は、たいていバラストだ。

距離標

起点からの距離を示す、線路脇に打設された杭で、1kmごとに設置される甲号、500mごとの乙号などがあり、主に木製とコンクリート製がある。営業運転中に、万一線路内に倒れては大きな事故につながるため、かなり地中深くまで埋められている。このため、特にコンクリート製の距離標は廃止後も長期間放置されることがある。距離標に記された数字は、年月とともに判読が難しくなるが、地図上で距離を測るこ

コンクリート製の距離標は残りやすく、何kmのものかを推測するのも楽しい。名鉄美濃町線

とによって、何kmポストなのか判断できる。駅の位置を知る手がかりにもなる。

踏切

道路と交差する踏切も、痕跡が残りやすいポイントだ。踏切は構造上段差が大きく、事故のもとになるため路線廃止後は速やかに撤去されるのが原則だが、実際には本格的な道路補修の予算がつくまで段差を埋めるだけで済ませる場合も多い。レールが撤去され、新たにアスファルトが敷かれてしまっても、諦めることはない。通常、軌道は盛土があるぶん周囲の道路より位置が高い。新たにアスファルトを敷かれ、周囲の痕跡がほとん

踏切跡が消えるかどうかは行政次第。名鉄揖斐線

ど消えてしまった場合でも、道路の盛り上がりで踏切跡と判断できることがある。道路の盛り上がりと、古地図に記された交差の位置が一致すると、地味に嬉しい。

トンネルと煉瓦

廃線跡のトンネルは、多くの場合撤去されずに残る。生活道路などとして活用されることもあれば、人が入らないよう坑口が封鎖されることもある。閉鎖されたトンネルは長期間メンテナンスされないまま放置されるので、地震や台風などによって内部が崩壊することもあり、非常に危険だ。道路として再利用されている場合を除き、外から眺めるだけに留めよう。

明治から大正時代にかけて建設された鉄道トンネルは、多くが煉瓦製だ。明治時代、煉瓦は大量生産が可能でさまざまな建築に使用でき、耐熱性の高い建材だった。鉄道は地域の近代文化を象徴する施設であり、トンネルポータル（坑口）には、アーチ環、壁柱、帯石、扁額などデザイン性の高い構造が取り入れられた。

大正時代に建設ブームが起きた軽便鉄道は、煉瓦製のポータルでも壁柱を省略するなど簡略化された意匠が多い。通常規格の鉄道も予算規模の小さなローカル線の建設が進むに従い、豪華な装飾は行われなくなっていった。

1923（大正12）年に関東大震災が発生すると、煉瓦建築は耐震性に問題があることがわかり、昭和に入ってトンネルはコンクリート製に変わっていく。昭和に入ると機能性を重視したシンプルなデザインが主流となった。

煉瓦の積み方にも注目したい。廃線跡に残るトンネルの煉瓦は、多くが「イギリス積み」と呼ばれる方式だ。これは煉瓦の長い面を並べた列と短い面を並べた列を交互に積み重ねていく方式。長い面と短い面を交互に並べるフランス積みもあるが、明治30年頃には鉄道建造物から姿を消しており、よほど古い構造物でなければ残っていない。

明治時代に建設された幹線のトンネルは、左右の壁柱、上部の帯石など美しい意匠が施されている。中央本線愛岐3号トンネル

大正初期に増えた地方私鉄は煉瓦造り、石造りながら簡素化した意匠。南薩鉄道太田トンネル

昭和に入ると耐震性に優れたコンクリート製が普及するが意匠はごくシンプルに　宮原線北里トンネル

橋台・橋梁

川や道路を渡っていた橋梁のうち、橋桁と橋脚は路線廃止後速やかに撤去されることが多い。川や道路は鉄道会社の土地ではなく、行政から許可を受けて鉄道事業を行う間、占有していたものだからだ。長期間放置すれば、下を通行する船や車に危険を及ぼすことも考えられる。廃止後も橋桁が残るのは、道路や水道橋などに転用される場合や文化遺産として保存されるケース、あるいは中小私鉄などで撤去費用がまかなえず放置されるケースなどがある。

残された橋桁は、製造年や製造所、使用する企業名などが書かれた刻印が残っている。住宅地にあるなんでもない道路橋が、

明治中期以降の煉瓦構造物はほとんどがイギリス積みだ。名鉄揖斐線

よく見ると明治時代の鉄道橋だった、ということも多い。

橋脚も撤去が原則だが、人里から離れ船舶交通もない郊外の川にある橋脚はそのまま残されることも多い。撤去されても、よく見ると河床に橋脚の基礎が残っていることもあるので、よく観察しよう。

橋桁が残るケースは比較的レアだが、橋の両岸にある橋台は残りやすい。重い橋桁を支え、さらにその上を列車が走るため極めて堅牢なコンクリート、あるいは石材などで作られており、崩壊する危険が少ないからだろう。河川改修や大規模な道路拡張が行われない限り残るので、橋台は廃線跡探索の重要な目印になる。

大手私鉄の廃橋梁が橋桁ごと残る例は珍しい。これは歩道化の計画があったとも言われる西武鉄道旧入間川橋梁

鉄道橋がそのまま道路に転用される例も多い。熊延鉄道旧第六津留川橋梁

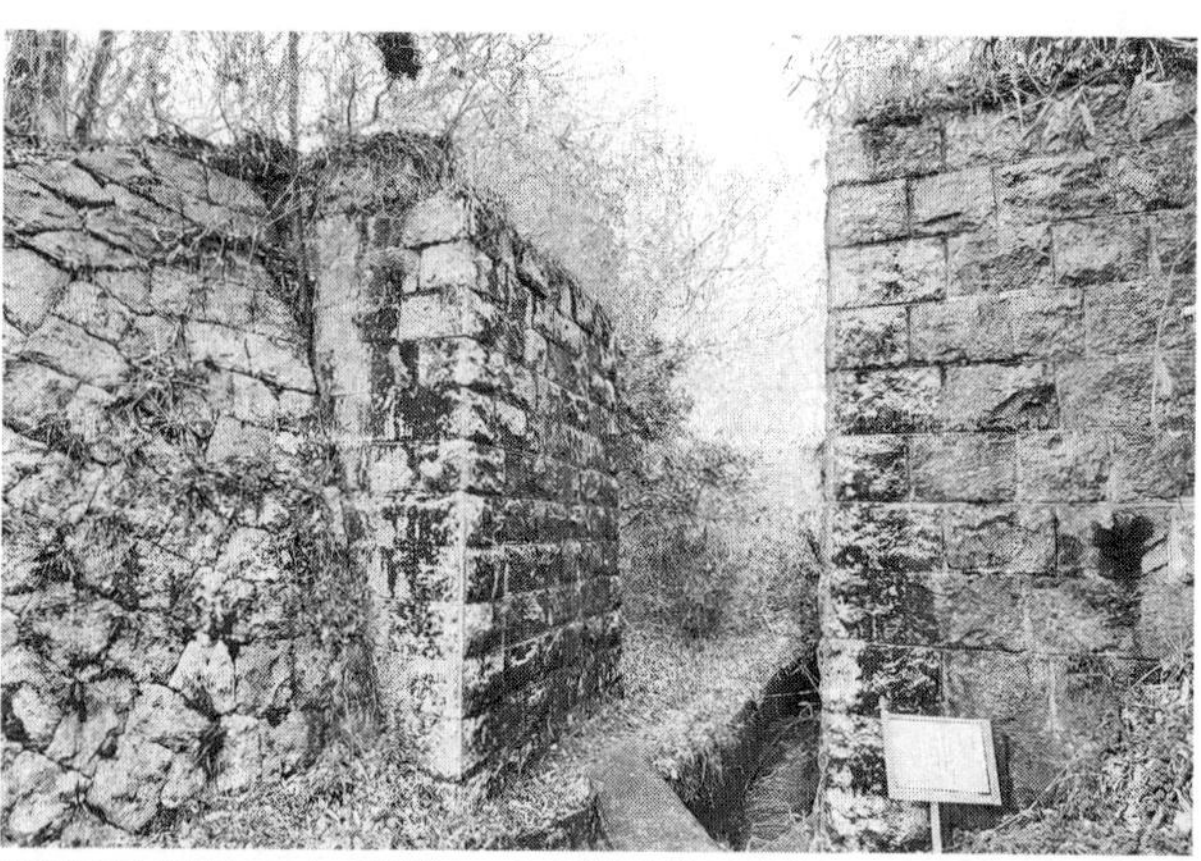

橋台は最も残りやすい遺構の1つ。明治時代に廃止された関西鉄道(通称大仏鉄道)の橋台は今も残る

ホーム跡

　駅のプラットホームも、残りやすい遺構だ。ホームの構造には、煉瓦や石を積んだもの、コンクリートや木材で枠を作り、土を詰めたもの、そして鉄筋コンクリート製などがある。残りやすいのは、堅牢なコンクリート製ホームだ。特に貨物用のホームは、鉄道の廃止前から倉庫に転用されたりして残りやすい。民家の基礎として使われていることもある。

コンクリート製のホームは手間をかけて撤去せずそのまま建物の基礎に使われることも。熊延鉄道釈迦院駅

コラム

廃線跡沿線の人々は話し好き

廃線跡を歩いていると、地域の人と話がはずむことが多い。今は廃止されてしまったとは言え、鉄道はその町の歴史の大きな部分を占めている。鉄道の現役時代に物心がついていた人なら、たいてい思い出話がいくつかあるし、はるか昔に消えた路線でも、その記憶を語りついでいる人は多い。

石川県の尾小屋鉄道の跡を歩いた時、犬を散歩させている人たちが雑談していた。鉄道の思い出話が聞けるかもしれない。

「こんにちは。尾小屋鉄道の跡を歩いているんですが、この道が、昔の線路跡ですか」

実際には、古地図を見て線路跡の位置は正確にわかっているのだが、あえて尋ねてみる。答えてくれたのは、柴犬をつれたおじさんだ。

「そうそう。尾鉄を見に来たんけ。ここが線路で、向こうの田んぼが金平の駅があったところだわ。もしかして橋を探してるんけ？　じゃあ一緒に行ったるわ。どうせひまやし」

そう言うと、おじさんは歩き出した。犬も、もう一度お散歩できると嬉しそうだ。尾小屋鉄道の線路跡は、未舗装の道として地域の人に使われている。

「鉄道はよく利用されていたんですか」

これも、定番の質問だ。

「尾鉄はよく乗ったなぁ。ちょうど廃止になる少し前まで高校通っとって、普段は自転車やけど、雨の日や冬場は汽車やった」

森の中を歩いて行くと、まもなく石積みの美しいアーチがあった。

「ほら、なかなかええでしょう。こっちの階段から川原に降りれば、全体がよく見えますよ。じゃあ、いい旅をしてください」

最近は、旅先で観光業以外の人と親しく会話する機会はなかなかないが、廃線跡巡りでは「鉄道」をキーワードに、ちょっとした出会いがたくさんある。人に話しかけるのが苦にならない人は、通りがかりの人や沿線の飲食店の人に、どんどんその鉄道について話しかけてみよう。

これは高松市の塩江温泉鉄道で駅跡に案内してくれたおじいさん

コラム

廃線跡には猫が多い

廃線跡を巡っていると、よく出会うのが猫だ。特に、沿線に人家がそこそこ多い、平地の廃線跡でよく見かける。

考えてみれば簡単なことだ。滅多に車が入ってこない廃線跡は、猫にとって実に安全な空間なのだ。雑草が生い茂った線路跡は猫にとって格好の隠れ場だし、遊び場にもなる。線路跡に沿った民家の軒下は子育ての場になるし、生活道路や遊歩道になっているところなら人の往来があり、猫好きが通りかかれば餌にもありつける。縄張りを見回りする際には安全な通路になり、猫の習性である集会もしやすい。そこそこ広く、適度に狭い廃線跡は、猫にとってまことに都合の良い条件が揃っているのである。

鳥取県の国鉄倉吉線の廃線跡では、保存されたレールの上を堂々と歩く猫を見かけた。秋の涼しい時期で、レールの上が歩きやすいらしい。どこまでも1本のレールの上を歩いて行く姿が印象的だった。

鹿児島県の鹿児島交通枕崎線跡では、線路跡を整備したサイクリングロードをレンタサイクルでゆっくり走っていると、2匹の猫が飛び出してきた。こちらが無視して通過しようとしても全力疾走で追いかけてきて、喉をゴロゴロならしてすり寄ってくる。人間に声かけしていると、時々餌にありつけるのだろう。

長崎県の島原鉄道の廃止区間（島原港〜加津佐間）でも、やたらと猫を見かけた。どの猫も人慣れしていて、写真を撮ろうとすると勝手に膝の上に乗ってくる。こうなるといけない。無理に猫をおろすという可哀想なことはできず、その後の散策予定はめちゃくちゃである。

猫好きが廃線跡を巡る時は、くれぐれも猫に注意が必要だ。ひとつ間違えれば、宿やバス停にたどりつけない可能性もある。

廃線跡にはとにかく猫が多い。倉吉線

第7章

特徴的な廃線跡4例

1　遺構が多く見られる　尾小屋鉄道

保存活動が活発な最後の非電化軽便鉄道

石川県の尾小屋鉄道は、日本で最後まで残った非電化の軽便鉄道だ。北陸本線小松駅隣接の新小松駅と、尾小屋鉱山がある尾小屋駅を結んだ、全長16・8㎞の特殊狭軌（軌間762㎜）の路線で、1971（昭和46）年に鉱山が全面閉山となった後、1977（昭和52）年3月20日限りで廃止された。

尾小屋鉄道は、ぜひ一度は訪れたい廃線跡のひとつだ。まず、沿線に実に豊富な遺構が残っている。橋桁ごと残る橋梁、橋脚が残る橋梁、素掘りのトンネル、ホーム跡などさまざまな遺構がある。軌道跡も、あぜ道、舗装道路、遊歩道などさまざまな形で残り、しかも多くの区間を比較的安全に歩くことができる。

そして、当時の車両がよく保存されている。終着・尾小屋駅跡の先にある尾小屋鉱山資料館隣接の「ポッポ汽車展示館」では、小松市が尾小屋鉄道から譲り受けた車両が展示・公開されている。5号蒸気機関車、ハフ1客車、遠州鉄道奥山線から譲り受けたキハ3気

路線図

地理院地図

ひなたGIS

動車の3両で、冬期を除き車内を含め自由に見学可能だ。キハ3は今も動態で保存され、毎年5月から10月にかけて、月1回程度公開運転・乗車会が行われている。

車両の整備と動態保存を行っているのは、非営利団体の「なつかしの尾小屋鉄道を守る会」だ。1984（昭和59）年に発足し、1987（昭和62）年には尾小屋鉄道の元整備課長の指導でキハ3の起動に成功。2003（平成15）年から当地で公開運転を行っている。会員は全国に60人程度いて、普段は20人程度のメンバーが定期的に集まり、保存・整備活動を続けている。

発足時から、会の代表を務めているのが白山市在住の坂井稔樹さんだ。今では尾小屋鉄道の車両の保存だけでなく、尾小屋鉱山と町の歴史の伝承にも取り組んでいる。

「元々は鉄道が好きで始めたことですが、尾小屋鉄道は尾小屋鉱山あっての鉄道でした。尾小屋鉱山の歴史と文化を伝えてこそ、尾小屋鉄道の価値も伝えていけると思うんです」（坂井氏）

近年力を入れているのが、尾小屋のカラミ文化の伝承だ。カラミとは、銅を抽出した後に残る岩石を固めたもの。他の鉱山では建材として販売されたが、尾小屋では六角形の独特な形に精製されて、地元のまちづくりに還元された。かつて人口3000人が暮らした

ポッポ汽車展示館で行われている公開運転・乗車会
0761-67-1122(尾小屋鉱山資料館)
https://www.city.komatsu.lg.jp/soshiki/poppokisya/

なかよし鉄道は毎週水曜の15時30分からと、土曜・休日の11時30分・15時30分に運行されている
いしかわ子ども交流センター小松館
0761-43-1075
https://www.i-oyacomi.net/komatsukan/railway/

尾小屋の集落には、カラミを使った擁壁がそこかしこに残る。

尾小屋鉄道の車両を動態保存している施設はもうひとつある。小松駅の隣、粟津駅近くの「いしかわ子ども交流センター小松館」のなかよし鉄道だ。尾小屋鉄道の車両4両が保存され、敷地内の473mの線路を毎週水・土曜と休日に無料で運行している。通常はキハ1が1両で運行されるが、夏休みなどの特別運行時には、DC121ディーゼル機関車や客車のホハフ3とホハフ8も動くことがある。

数少ないバスを活用して廃線跡を歩く

廃線跡巡りの醍醐味を存分に味わえ、当時の車両が動く姿も見られる。それが、尾小屋鉄道の魅力だ。季節は、雪が消えてまだ雑草が増えていない4月か、葉が落ちる10〜11月。5月を過ぎると、特に観音下駅より南の薮が厳しくなる。

気をつけたいのは交通機関だ。全長16・8㎞の盲腸線とあって、徒歩で往復するのは難しい。小松市街を出ると飲食店やコンビニも皆無だ。小松駅〜尾小屋間には北鉄加賀バスの路線バスが運行されているが、1日わずか2本。2021（令和3）年現在、尾小屋発の終バスは14時05分発だ。小松駅から尾小屋まで歩き通せば20㎞あまり歩くことになり、朝から歩いても慌ただしい。

そこでおすすめするのが、小松駅8時発のバスで先に尾小屋へ行き、小松に向かって歩くプランだ。２０２１年7月現在、北鉄加賀バス尾小屋線は「なつかしの尾小屋鉄道を守る会」の協力によって、小松駅から尾小屋まで乗車すると、硬券乗車券風の乗車証明書をもらえる。尾小屋へ行くと飲料以外は買えないので、小松駅のコンビニなどで食糧を買っておこう。

尾小屋には9時前に到着。まずは空き地となった尾小屋駅跡を散策し、７００mほど歩いてポッポ汽車展示館を訪れる。金平駅の駅名標などが展示されている尾小屋鉱山資料館も見学したい。体験坑道はなかなか本格的で、尾小屋鉄道の歴史も学べる。

11時頃から線路跡を歩き始めれば、ゆっくり歩いても18時頃には小松市街に入れる。最後は新小松〜西吉竹間の線路跡脇にあるイオンモール新小松店でお茶を飲み、土日限定の無料シャトルバスで小松駅に戻る手もある。尾小屋から約４kmの岩上からは、16時台にもう1本バスがあるので、西大野付近まで歩いた後で路線バスに乗ってもいい。

もうひとつ、朝に車で尾小屋へ行って駐車し、尾小屋発9時前のバスで小松方面に戻るという方法もある。小松駅の周辺には大手レンタカーのほか、ガソリンスタンドが営業す

がらんとした空き地となった尾小屋駅跡。奥の小屋には車両が保存されており、手前に向かって延びる草むらがホームの跡。駅舎は左の民家の横にあった

朝と午後の2回しかバスが来ない尾小屋バス停

る格安レンタカーや、カーシェアリングもある。小松駅まで戻ってもいいが、最初の4km は普通の市道で見どころはない。途中のやわたメディカルセンターで下車し、南へ700 mほど歩いて憩いの森へ行くか、西大野で降りるとよいだろう。憩いの森は若杉堤と吉竹堤に挟まれたサイクリングロードが尾小屋鉄道の跡で、バーベキュー広場が遊園地前駅があった場所にあたる。ここから尾小屋までは営業キロで12kmほどだ。

橋梁、ホーム、石造りのアーチなど数多く残る遺構

ここからは尾小屋に車を停めて、バスで憩いの森まで戻って歩き始めるプランを紹介しよう。スマホで、「ひなたGIS」(79ページ)の古地図を表示させてたどるといい。「日本版MapWarper5万分の1」に、1933(昭和8)年発行の地形図が収録されていて、尾小屋鉄道も掲載されている。2画面モードにして、地理院地図と並べるとわかりやすい。

さて、やわたメディカルセンターでバスを降りたのは9時20分。憩いの森から歩き出すのは10時頃だろう。人通りこそあるが、この辺りはすでに熊の生息地域だ。尾小屋鉄道の廃線跡では、近年熊の目撃情報が相次いでいる。人的被害はないものの、2020(令和

2）年度は廃線跡の周辺だけで20回以上目撃された。必ず熊避け鈴をバッグにつけて、鳴らしながら歩こう。
憩いの森のサイクリングロードは徐々に人の気配がなくなり、坂を下っていくと、小さな白山神社がある。ここが花坂駅跡で、ここから400mほどは、線路跡が竹林の中と県道大野八幡線沿いに残る。

西大野〜大杉谷口間は県道に転用され痕跡がない。2018（平成30）年に廃校になった金野小学校跡を過ぎ、左の農道に降りる道があるあたりが大杉谷口駅があった場所。尾小屋鉄道跡はここからが本番だ。水田の向こうに、

私有地の向こうにあるため近づくことはできないが今にも列車が走ってきそうな梯川橋梁

橋梁跡が見える。尾小屋鉄道で唯一橋桁が残る、梯川《かけはしがわ》橋梁だ。

国道416号に突き当たる金野町交差点を左折し、介護施設の先にある角を左に入ると、郷谷川を渡る。突き当たりの農道が、尾小屋鉄道の線路跡だ。左へ進むと300mほど先の梯川橋梁手前で行き止まり。右に曲がるとすぐ金野町駅跡で、ホームが残る。ここから線路跡は2・5kmにわたって未舗装の農道となっている。金野町駅跡のすぐ先に柵があるが、これはイノシシ避けで通行は可能。ただ、柵ができて以来往来が減っているらしく、雑草がかなりのびている。通行する際は、柵を閉めることを忘れずに。電気柵なので電線に触れると静電気のようなショックがあるので注意したい。

金野町駅跡から森の中を1kmほど歩くと、石造りのアーチがある。いわゆる溝橋で、今も農道として使われており渡ることが可能だ。道と一体化しているため見過ごしやすい。森を抜けてしまったら引き返そう。橋の尾小屋方に川原へ降りる階段があり、美しいアーチの全景を観察できる。小松は石の町として知られ、この先の観音下駅跡周辺は国会議事堂にも使われている日華石の産地だ。それだけに、尾小屋鉄道にも立派な石材が使われている。溝橋をはじめ、橋脚やトンネルポータルの意匠に注目しよう。

森を抜け、田園地帯に出て2つめの交差点が、金平駅跡。1972（昭和47）年に公開

金野町駅のホームは農具置き場に利用されている

森の中にひっそりと眠る石造りのアーチ。尾小屋鉄道沿線が石の町だったことがわかる

された映画「男はつらいよ 柴又慕情」の冒頭に登場した駅だ。駅とレールは消えたが、田んぼと山の形は全く当時と変わらない。

金平駅跡から500mで再び森に入る。養蜂場ものどかな道だが、熊には厳重に警戒しよう。時々道ばたにある切り株は、通信ケーブル用電信柱の跡だ。その先、800mで郷谷川の支流を渡っていた木橋の手前で行き止まりとなる。しばらく引き返して、国道に戻る。

通行可能な素掘りのトンネル

国道に戻ると、小松の名勝である郷谷川の十二ヶ滝がある。そろそろお昼時なので、ここであらかじめ購入しておいた昼食をとる。

休憩後、国道沿いを歩くとまもなく沢の集落だ。もう一度郷谷川を渡って集落をまっすぐ進み、消防団の倉庫がある広場がホームの残る沢駅跡。北陸電力の変電所横を通って小松方へ線路跡のあぜ道を戻ると、突き当たりに先ほどの郷谷川支流の木橋跡が見える。橋桁は失われたが、立派な石造りの橋脚を観察できる。

沢駅跡から再び田んぼの中のあぜ道となった線路跡は、塩原駅跡付近で国道416号に合流する。ここから波佐羅駅跡を含めた約600mは線路跡が国道に転用されている。川を隔てた南側の集落では、塩原駅で使われていた待合室が移設されて塩原バス停として使われている。老朽化が進んでいるが、沿線に残る唯一の駅施設だ。

国道が郷谷川を渡る手前にある分岐から、また線路跡はあぜ道になる。川を右に見下ろしながら歩けるが、この辺りから人の気配が少なくなり、雑草や薮が多くなっていく。森を抜けたところが、石切場で知られる観音下の集落だ。用水路を渡る溝橋は、尾小屋鉄道時代から使われているものだろう。石材会社に隣接する民家に、観音下駅の貨物ホームが残っている。

観音下駅跡から田んぼの中をしばらく進むとイノシシ避けの柵があり、またしても森に入る。200mほど進むと、いよいよ尾小屋鉄道廃線跡のハイライト、観音下トンネルだ。尾小屋鉄道に2カ所あるトンネルのひとつで、坑口は美しい石造り、内部は岩がむき出しの素掘りという印象的なトンネルだ。長さは47mで、雨が降るとぬかるむが通行可能。壁には通信線の残骸が残り、尾小屋方に抜けたところには尾小屋起点3㎞の距離標がある。

観音下トンネルの先で小さな水路を渡る。次の倉谷口駅跡までは線路跡の道が続いているが、夏は薮と雑草がひどく通行が困難になる。なるべく一人では歩かず、薮で視界を阻

尾小屋鉄道で唯一残る塩原駅の待合室

大正6〜8年に建設された観音下トンネル。美しい石造りのポータルで大正期の軽便鉄道のトンネルとしては立派だ

まれたら無理せず国道に出よう。

国道を歩き、尾小屋トンネルを抜けた先で左折したところが倉谷口駅があった場所。よく見ると草むらの中にホームの残骸が隠れている。倉谷口駅の200m先には倉谷口トンネルがあるはずだが、倉谷口〜長原間は廃道化しており、倒木や落石が多く通行できない。1977（昭和52）年の廃止時も、ここで雪崩が発生して最終日は倉谷口折り返しとなった。

国道を1㎞ほど進んだ白山神社の向かいから延びる細い路地を降りると、森の中に長原駅のホームが残る。その手前には、郷谷川を渡っていた木橋の橋脚が残り、グーグルマップの航空写真からも確認できる。薮が少ない春先なら、少し手前にある橋を渡って橋脚に接近できるほか、国道脇の空き地の奥からも遠望できる。

集落の先、忠魂碑があるあたりで尾小屋鉄道は国道に合流する。600mで尾小屋の集落に入る県道の分岐と尾小屋バス停があり、県道と国道に挟まれた空き地が尾小屋駅跡だ。今は亡き駅舎は、郷谷川をまたぐ形で立っていた。空き地の奥には2つの小屋があり、中にはキハ2とホハフ7が眠っている。東大鉄道研究会のOBグループが譲り受けたもので、一時期は構内で動態保存が行われていたが、今は動いていない。尾小屋は、かつては3000人が暮らし映画館や飲食店もたくさんあったが、今もこの集落に暮らす人はほん

倉谷口～長原間に残る木橋は20年ほど前までは木製橋桁が残っていたという

尾小屋には鉱山の遺構が残る。これは撤去が取り沙汰されている鉱山事務所前の歩道橋（通行不可）

のひと握りだ。路線バスも存亡の危機にあり、もし将来廃止されるようなことがあれば、尾小屋鉄道は車でしか訪問困難となる。できれば片道はバスを利用したい。いしかわ子ども交流センター小松館のなかよし鉄道も訪れるなら、1泊2日の行程だ。

昭和50年代まで走り続けた軽便鉄道、尾小屋鉄道は、廃止から40年余りを経た今も、町と鉱山の歴史を背負って生きている。

2 ハイレベルな痕跡探しにハマる〝古い〟廃線跡 武州《ぶしゅう》鉄道

航空写真に痕跡を残す80年以上前の廃線跡

赤羽岩淵駅と浦和美園駅とを結ぶ埼玉高速鉄道を、東武野田線の岩槻まで延伸するという構想が動き出している。さらにその先、東北本線蓮田駅まで延伸する構想もある。

その蓮田〜岩槻〜浦和美園付近に、かつて鉄道が走っていた。それが、蓮田〜岩槻〜神根間16・9㎞を結んだ武州鉄道だ。川口から鳩ヶ谷、岩槻、蓮田、加須を経て行田を結ぼうとした鉄道で、1924（大正13）年10月19日に蓮田〜岩槻間が開業。1928（昭和3）年12月には岩槻から現在の浦和美園に近い武州大門まで延伸し、1936（昭和11）

年12月にはさらに2・7㎞延伸して神根まで開通した。開業時には雨宮製作所製蒸気機関車が客車を牽いて走り、昭和に入るとガソリンカーを導入。蓮田～武州大門間14・2㎞は42分で結ばれた。

しかし、株主が多い蓮田から開業した武州鉄道は東京方に接続路線がなく、総武鉄道が現在の東武野田線を開業させると存在価値が薄れてしまった。それでも、政府から地方鉄道補助金が支給されている間はなんとか黒字を保っていたが、1938（昭和13）年度限りで打ち切りが決定。採算の見込みが立たなくなり、台風被害を受けたこともあって同年9月に全線が廃止された。川口乗り入れ計画は昭和初期に赤羽乗り入れに変更されたものの、結局実現することはなかった。赤羽～鳩ケ谷～岩槻～蓮田というルートは、まさに現在の埼玉高速鉄道のルート。存続していれば、この地域の通勤輸送を担っていたかもしれない。武州鉄道は悲運の鉄道だった。

廃止から80年以上が経過した武州鉄道の遺構は、現在ではほとんど残っていない。それでも廃線跡をたどることは可能だ。「今昔マップ」の「関東1928～1945年」と「ひなたGIS」に、武州鉄道蓮田～武州大門間が記載された1929（昭和4）年の地形図が収録されている。国土地理院の「1961年～1969年」及び「1974～1978年」

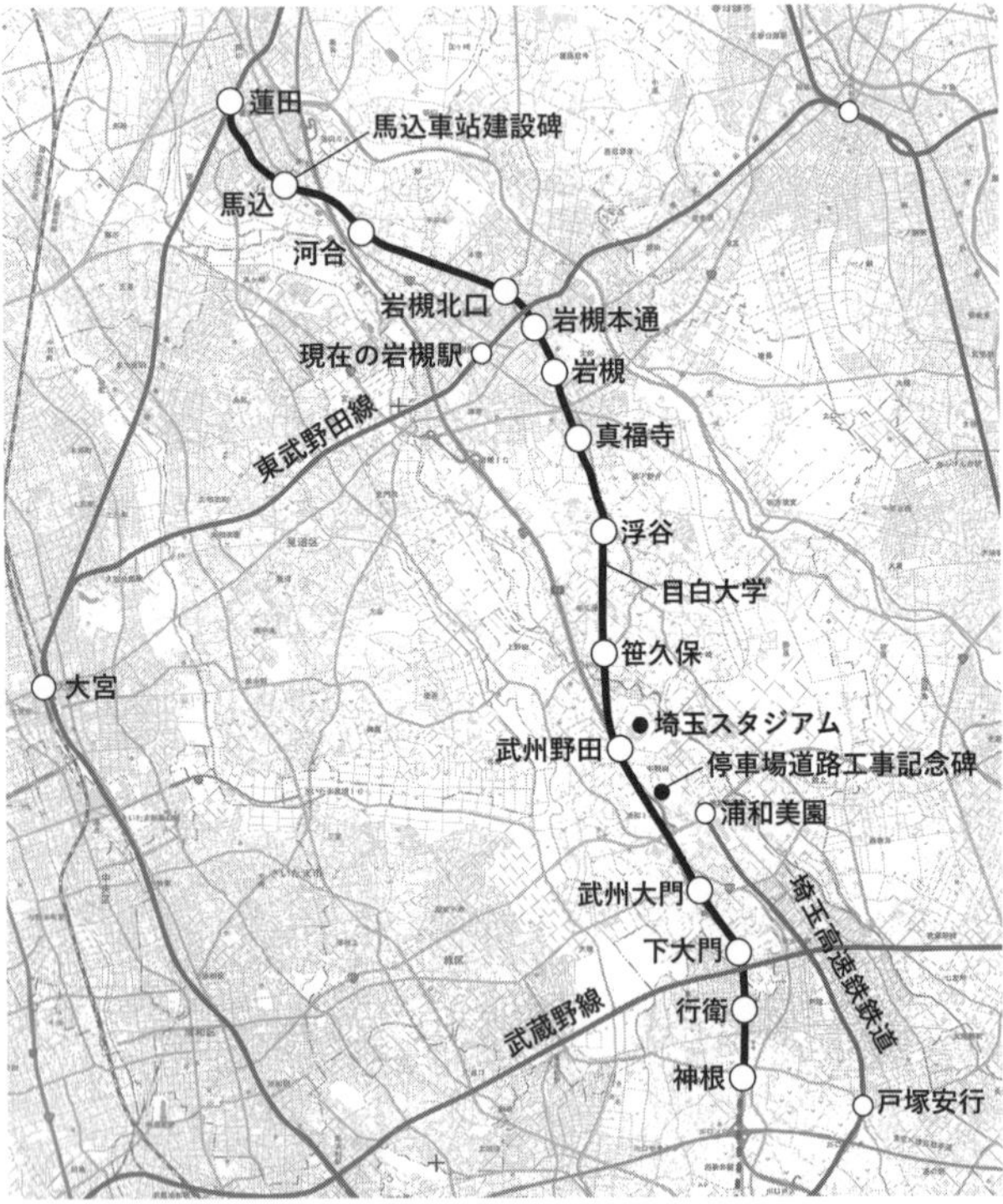

武州鉄道路線図　国土地理院「地理院地図」より作成

地理院地図

今昔マップ

の航空写真にも、武州鉄道の線路跡がはっきり確認できる。グーグルマップや国土地理院の最新航空写真にも、線路跡に沿って並ぶ建物の列という形で意外なほど痕跡が残っており、そのルートをたどることができるのだ。

ネット上の古地図と航空写真で武州鉄道のルートをたどったら、実際に現地を訪れたくなる。さて、交通機関だが、蓮田〜岩槻間には国際興業バスの蓮11・12系統が、蓮田〜浦和美園間には同じく国際興業バスの岩11－3S系統があるが、いずれも武州鉄道とはルートが異なり、蓮11・12系統は日中の便がない。徒歩では20㎞以上歩くことになり、これが埼玉での街歩きと考えると、少々しんどい。

そこで、この路線は折りたたみ自転車を使うといい。蓮田駅は東京駅や新宿駅から40分ほどでアクセスでき、線路跡のルートは平坦な住宅地。昼食時間を入れても、4〜5時間で武州鉄道の全線をたどれる。

折りたたみ自転車を持っていなければ、サイクルシェアという方法がある。スマホアプリの「ＨＥＬＬＯ　ＣＹＣＬＩＮＧ」なら、スマホ上で会員登録すると15分70円で電動アシスト付き自転車を借りられる。蓮田市内に自転車を借りられるステーションはないが、岩槻駅や東大宮駅、浦和美園駅周辺などで借りられる。借りた場所とは異なるステーショ

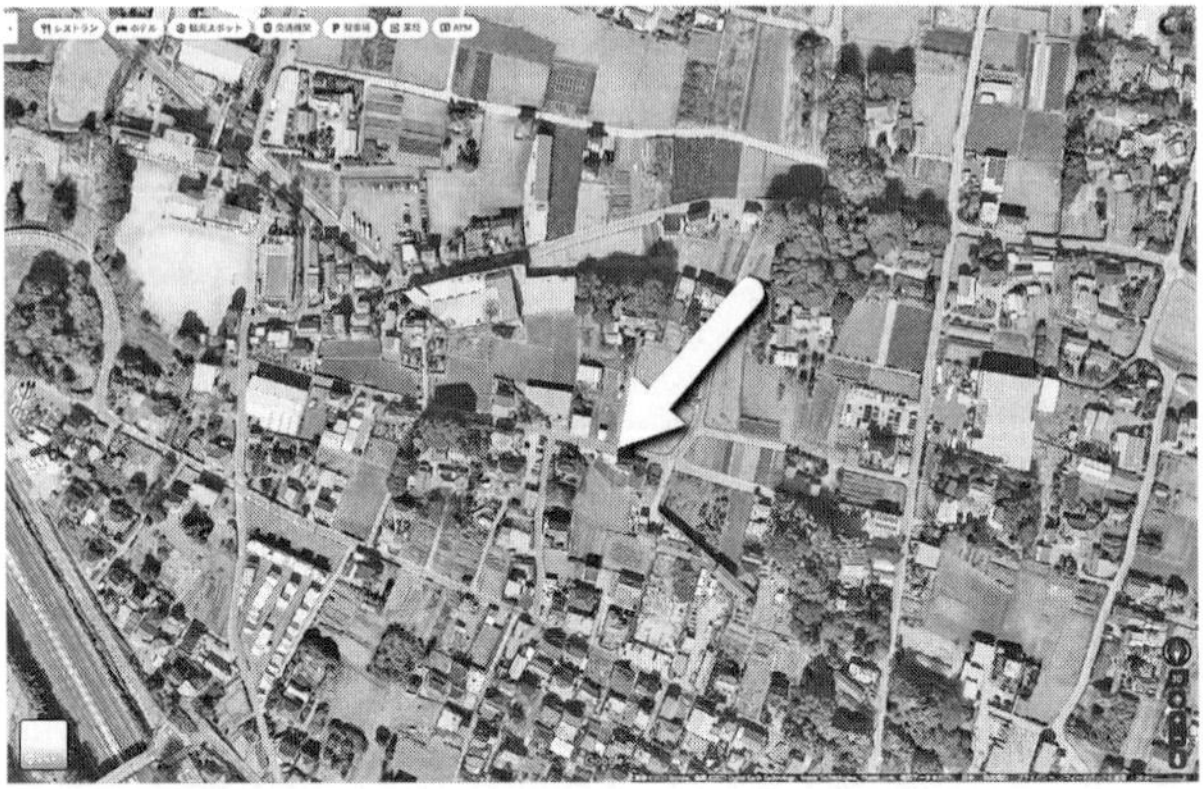

左上から右下に向かって、道路と建物、土地区分が武州鉄道の跡に沿っている。矢印が河合駅があった場所 ©Google

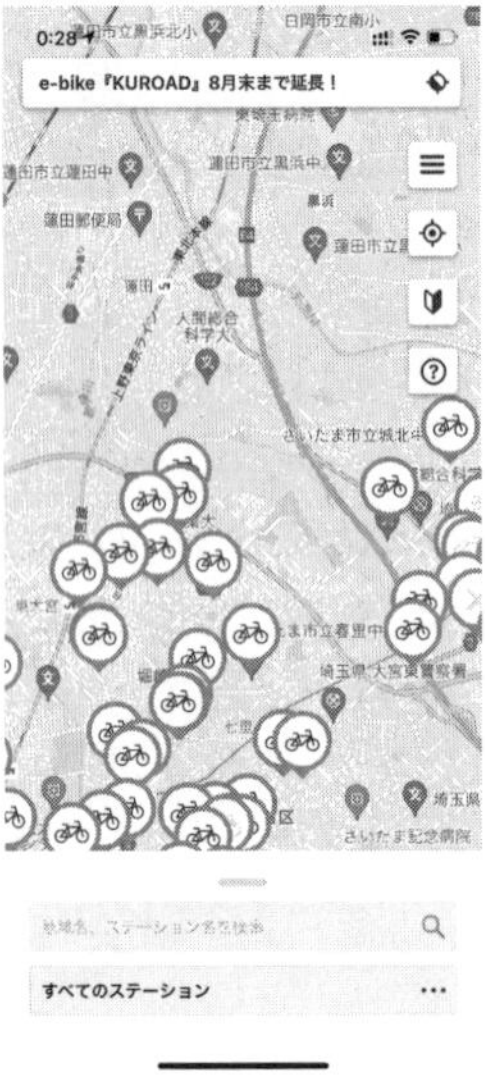

HELLO CYCLING

全国で利用できるサイクルシェア
首都圏や京阪神を中心に全国で展開しているサイクルシェアアプリ。簡単な会員登録で手軽に自転車を借りられる。沼津、静岡、佐賀といった地方都市にも増えている。

iOS　　Android

ンに返却できるので便利だ。

唯一の遺構は公道から確認できず

輪行袋を抱えて蓮田駅に降りたのは、10時30分。駅前広場で自転車を組み立て、まずは駅東口線路沿いにある喫茶店で予定を立てる。昭和の香りがするいい喫茶店だ。埼玉の中堅都市は、まだまだ個人経営の喫茶店が元気で嬉しくなる。

11時過ぎに蓮田駅を出発。まずは、蓮田駅東口自転車駐輪場へ。駐輪場入口が武州鉄道の分岐点で、駐輪場向かいの塀が斜めにカーブを描いている。武州鉄道は、中央公民館裏の駐車場を通って市道を横断するが、駐車場の入口が線路跡と一致していた。向かいにある歯科医院も、駐車場入口に対応する形で道路に対して斜めに立っている。

しばらく住宅地の中をジグザグに進む。航空写真を見ると、周辺に広大な水田もあるが、武州鉄道沿線は全く住宅が途切れない。ここは元荒川と綾瀬川に挟まれた大宮台地の岩槻支台で、標高約14m、幅1kmあまりの細長い台地が岩槻方向に延びている。この台地の上に集落が発展し、馬込、平林寺、本宿といった村が成立。明治時代に河合村となった。武州鉄道もこれらの集落を結ぶように敷設されている。一方、元荒川・綾瀬川沿いに広がる

道路に向かって斜めに延びる蓮田駅東口の駐車場。武州鉄道が東北本線から離れるカーブにあたる位置

馬込駅跡周辺には線路にそって緑が残る

標高5m前後の低地は水田となり、今も大部分が農地だ。

小さな薮が、雑木林に向かって斜めに延びる場所に着いた。この薮が線路跡だ。向こうに見える雑木林は小河原家屋敷林といい、自然保護のため土地所有者から旧岩槻市（現・さいたま市岩槻区）に寄贈されたもの。武州鉄道はその北端を通り、国道122号旧道を横断していた。ここは、建物の並びと道路以外でほぼ唯一鉄道の跡らしさを感じられる所だ。地主の方は自然保護のために土地を市に譲ったが、結果として数少ない武州鉄道の痕跡も残すことになった。

この林は蓮田市と旧岩槻市の市境でもあるが、字名はどちらも馬込だ。元は河合村馬込で、1954（昭和29）年にいったんすべて岩槻町に編入された。ところが、蓮田駅に近い住民は蓮田町への編入を望んだため、1956（昭和31）年に一部が蓮田町に移ったのである。こうして「馬込」という地名がふたつの市にまたがって残った。

国道122号の旧道に面した材木店の辺りが、馬込駅があった場所だ。馬込がふたつに分かれたのは武州鉄道廃止の18年後だが、駅がその境界付近にあったのは興味深い。線路跡の南側には馬込駅が開業した1931（昭和6）年2月1日の日付が刻まれた「馬込車站建設碑」が残る。ただし、私有地の中にあり、現在は倒壊した状態で、公道からは確認できなかった。今となっては武州鉄道の存在を直接証明する貴重な遺構のはずだが……。

旧国道の向かい側には、ぴったり軌道の幅だけ空き地が区切られている。1961（昭和36）年の航空写真では、ここから河合駅付近まで線路跡は道路として使われていたようだが、今は目の前に中古車販売店の車両置き場が立ちはだかり、その向こうは東北自動車道によって分断されてしまっている。

高速道路を過ぎた先からは、線路跡が道路になっている。さいたま市立河合小学校は、1873（明治6）年に平林学校として開校した、さいたま市域でも有数の歴史ある小学校だ。線路跡の道路は、その先で河合幼稚園に突き当たって終わるが、門から校庭に至る

ミラーなどがある斜めの花壇が線路跡で、このあたりに河合駅があった

ドーム状の通路が、線路の形を示している。この周辺は線路が斜めに突っ切る様子がそのまま土地の区画に現れていて、航空写真で見るとひときわ面白い。現地も、道路に対して不自然に斜めを向いた土地が見られる。河合幼稚園の南側が、河合駅があった場所だ。さらに、線路跡は建物と土地区画のきれいな列となって、平林公民館まで続いている。

沿線住民が蒸気機関車と記念撮影をした山門

公民館からも、線路跡は規則正しい住宅の列となって続く。岩槻北口駅があった場所は、おしゃれなカフェ・レストランとなっていた。

武州鉄道は進路を南に変え、スーパーの敷地を通って東武野田線の岩槻陸橋をくぐる。

線路敷地に沿って道路から斜めに駐車場がのびる平林寺公民館

ここは1999（平成11）年に野田線が複線化されるまで、12本の橋脚が並ぶガーダー橋だった。この陸橋は、先に開通していた武州鉄道と立体交差するために建設されたもので、武州鉄道との交差部分は、桁が他よりも薄くなっていた。現在はコンクリートラーメン橋に架け替えられ、昔日の面影はない。

陸橋の先で、浄安寺の山門前を通る。この場所で1924（大正13）年に撮影された武州鉄道の絵はがきが残っている。開業を目前に控えた試運転時の写真と言われ、山門前に停車した雨宮製作所製蒸気機関車と、大勢の地域住民が写っている。岩槻は、江戸時代まで岩槻城の城下町として栄えたが、東北本線や東武鉄道のルートからはずれてしまい、武州鉄道の開通に期待する住民は多かった。

浄安寺から県道2号さいたま春日部線に出る細い道には、さいたま市が設置した「武州鉄道の小径」の看板がある。県道に面した駐車場が、岩槻本通駅があった場所。昼食ならこの辺りが適当だ。

工務店の倉庫や住宅の列が緩やかにカーブを描き、さいたま市立岩槻中学校に続いている。この中学校が、岩槻駅の跡。現在の東武野田線岩槻駅はここから1㎞ほど離れた場所にあり、開業時には岩槻町駅を名乗っていた。町の中心は県道沿いの本町で、総武鉄道の

浄安寺の山門前で撮影された当時の絵はがき。岩槻の人々にとっては待望の汽車だった。（写真提供：「武州鉄道」風間進）

浄安寺の山門は100年前とほとんど変わっていない。このあたりは「武州鉄道の小径」と呼ばれる

岩槻町駅はやや町はずれに位置していたようだ。もし武州鉄道が存続していたら、今は静かな住宅街になっている岩槻中学周辺が、大型スーパーなどの商業施設が集まる繁華街になっていたかもしれない。

住宅の列は、東京環状道路（国道16号線）を越え、真福寺貝塚の北側を通って県道324号蒲生岩槻線に合流する。目白大学さいたま岩槻キャンパスへ通じる道路は、線路跡の道を拡幅したもの。ここが浮谷駅で、道路の東側の土地は、きれいに駅の形をしている。北東に900mほど離れた南下新井には、浮谷駅の倉庫を移築したと伝わる建屋が今も残っているが、真偽は不明だ。

目白大学からは、まっすぐ南へ線路跡が延びている。未舗装の短い急坂を下って、はじめて田畑が広がる地域に出た。ここで武州鉄道は初めて大宮台地から降り、綾瀬川へ向かう。地理院地図で測定すると約400mで7mの高低差があり、17‰程度の勾配だったと推測できる。おそらく、武州鉄道最大の難所だっただろう。

岩槻南部公民館からは、線路跡は道路のような私有地となり、中古車販売業者の車両置き場として使われている。周囲には、2m間隔くらいで不法投棄に対して警告する立て札が立ち、物々しい雰囲気だ。中古車販売業者の施設があることから、自動車の不法投棄が

線路跡を利用した目白大学正門前の道路。写真左手が浮谷駅の跡

笹久保駅への廃線跡は中古車置き場に。正面の民家があるあたりが笹久保駅

絶えないのだろう。「道路のような私有地」は、笹久保駅があった県道214号との交差を挟んで綾瀬川まで約700mにわたって続き、そこで武州鉄道の痕跡は途絶える。以前はこの先の伝右川に橋台があったのだが、今は真新しい住宅が建ってしまった。

石文に残された鉄道建設時の熱気

ここから先、武州野田駅から武州大門駅を経て終着・神根駅までは、線路跡は東北自動車道とそれを挟む国道122号岩槻鳩ヶ谷バイパスに姿を変えている。ただひとつ残る遺構が、東北自動車道浦和料金所北側の重殿社《じゅうどのしゃ》の境内に残る「停車場道路工事記念碑」だ。ここより800mほど北、埼玉スタジアム2002南の野田陸橋付近にあった、武州野田駅周辺の道路整備を記念した石碑である。埼玉スタジアムがある場所は中野田と呼ばれ、日光御成街道から北にはずれた陸の孤島だった。その中野田に鉄道が敷かれ駅が設置されるということで、村の若者たちは諸手を挙げて建設に協力し、駅周辺の道路改修工事を行った。1929(昭和4)年に建立された石碑には、「同線ノ枕木ハ朽チル事アルモ我等ノ努力ハ今尚石文ニ」とある。枕木はわずか9年で剥がされたが、石碑は90年以上が経過した今も当時の熱気を伝えている。

重殿社は浦和美園駅から徒歩10分ほどの場所にある。周囲は住宅の分譲が進められており、今は空き地が目立つが、数年後には真新しい住宅地となるだろう。ここが住宅で埋まる頃、埼玉高速鉄道は岩槻延伸を果たしているだろうか。

重殿社から1㎞あまり南、越谷街道を過ぎた歩道橋のあたりが、武州大門駅があった場所だ。ここには、当時の駅前食堂が長年営業を続けていたが、今は閉店してしまった。

武蔵野線のガードをくぐり、セブンイレブンがある石神交差点付近が、終着の神根駅の跡。駅の遺構は何もないが、武南警察署神根交番にその名前を残している。

1本東側の日光御成街道を南へ向かうと、古民家を改装したカフェがある。時刻は16時30分。蓮田からここまで、25㎞ほど自転車をこいできた。自家製ジンジャーエールを飲んで、ほっと一息。ここから埼玉高速鉄道の戸塚安行駅までは2㎞ほどだ。

廃止からすでに80年以上が経過した武州鉄道だが、今も地図上にこれほど明瞭に痕跡を残している理由は、武州鉄道の取締役を務め、戦後には蕨町長、そして蕨市長を務めた岡田徳輔の存在がある。父親の岡田健次郎が武州鉄道の大株主だったことから経営に参画した岡田は、武州鉄道が廃止されると、その廃線跡の土地を一括して引き受けた。「この鉄道は、将来必ず再び必要とされる時が来る」という信念があったからだ。実際に、東武鉄道や西武鉄道に相談したこともあったという。やがて、東北自動車道と岩槻鳩ヶ谷バイパスの建設が計画されると、岡田は笹久保新田から神根までの区間を埼玉県土木課に売却。それ以外の区間は、いつか鉄道として必要とされる時のために、１９７１（昭和46）年に岡田がこの世を去るまで保有し続けたのである。

目黒～赤羽間で計画されていた地下鉄７号線を、さらに北へ延伸して「浦和市東部」に至る路線とする計画（都市交通審議会答申15号）が運輸大臣に提出されたのは、岡田が亡くなった翌年、１９７２（昭和47）年10月のことだった。

武州鉄道の跡をたどるのには折りたたみ自転車が最適だが、歩きで訪れるなら、蓮田～岩槻間に絞るか、蓮田～岩槻間を歩いたあと、岩槻駅から国際興業バス岩11－３Ｓ系統に乗って目白大学で下車するとよいだろう。綾瀬川まで歩けば、夕方、笹久保新田バス停から岩槻駅に戻るバス（岩80／岩80－２系統）がある。

90年前の石碑とは思えないほど文字が明瞭な停車場道路工事記念碑

神根駅には何の痕跡もないが近くの古民家カフェでほっとできる

3　しだれ桜がつなぐ鉄路の記憶　日中線

新たな喜多方の名所に成長した廃線跡

ラーメンの町として知られる福島県喜多方市にもうひとつ、新しい顔が生まれつつある。「しだれ桜の町」だ。

磐越西線喜多方駅は、1984（昭和59）年まで、国鉄日中線の起点だった。日中線は、喜多方駅と熱塩駅とを結んでいた全長11・6㎞のローカル線だ。奥羽本線の米沢駅まで延伸する計画だったが、1938（昭和13）年に会津盆地の端に位置する熱塩まで開業したところでストップ。廃止までのほとんどの期間を通じて、朝・夕・晩に1往復ずつ、1日3往復が運行されるだけのローカル線だった。

晩年は各駅ともガラスは割れ落書きはされと荒れ果てた状態だったが、廃線から4年後の1988（昭和63）年、喜多方駅から約3㎞の線路跡が「日中線記念自転車歩行者道」として整備された。沿道に約1000本のしだれ桜が植樹されて通称「しだれ桜散歩道」と呼ばれ、毎年春になると「桜のトンネル」が市民や観光客を楽しませている。しだれ桜

日中線廃線跡ルート図　国土地理院「地理院地図」より作成

目当てで訪れる観光客は最近まで毎年3万人ほどだったが、SNSの時代になって知名度があがり、近年は20万人もの人が訪れる喜多方の新名所となった。

日中線の廃線跡は、「しだれ桜散歩道」以外の区間も多くが道路に生まれ変わり、11・6kmをほぼルートどおりに歩くことができる。一部の区間では農道や民家の横に遺構が残り、終着駅の熱塩駅は当時の駅舎とホームが「日中線記念館」として公開されている。途中には名物・喜多方ラーメンの店もあるうえ、熱塩は温泉街でもある。

SL時代末期の熱塩駅。機回し線を通って喜多方側に向かうC11形80号機。この機関車は現在岡山県の津山駅前に保存されている。1973年10月頃 撮影:笹島善一

3〜4時間のウォーキングでほどよく汗をかき、温泉とグルメも楽しめる、万人向けのコースだ。

時期は、やはりしだれ桜が満開となる4月半ばから下旬がよい。しだれ桜の開花時期は、ソメイヨシノなどよりも若干遅く、東京の桜がすっかり葉桜になった頃からが本番だ。折りたたみ自転車も可能だが、喜多方駅と熱塩駅跡では120mの標高差があるので、変速機付きの自転車でないと少々しんどい。

親子二代で日中線の伝承に取り組む

2021（令和3）年4月、6年ぶりに喜多方を訪れた。前回は鉄道雑誌の取材で、NPO法人「日中線しだれ桜プロジェクト」の理事長を務める唐橋脩さんらに案内していただいた。「日中線しだれ桜プロジェクト」は、喜多方駅から3㎞の地点で終わっているしだれ桜並木を、熱塩駅跡まで延長しようというプロジェクト。唐橋さんは、日中線が廃止された当時の喜多方市長、唐橋東氏を父にもち、親子二代で日中線の歴史文化遺産継承に努めている。

「前回来ていただいた時から、プロジェクトはだいぶ進みました」

久し振りに唐橋さんに連絡すると、今回も案内していただけることになった。

喜多方駅で、唐橋さん、そして事務局長の井上普さんと待ち合わせ、まずは徒歩で出発。最初の見どころは駅のホームにある。喜多方駅1番ホームの西寄りにあった日中線乗り場が現在も姿を留め、次駅として日中線の「あいづむらまつ」が書かれた駅名標が残っている。今は立ち入れない場所にあるので、駅前の駐車場から観察しよう。駅名標自体は本物だが、文字は2000年代に旧日中線跡を歩くJR主催のイベントが開催された時に書き直されたものだ。それも今では錆が目立ち、6年前と比べてもかなり傷んでしまった。

駅前から西に400mほど歩いたところから、「しだれ桜散歩道」が始まる。桜の時期に訪れたいが、5月頃の新緑の季節もいい。左前方には標高2105mの飯豊《いいで》山もよく見える。1㎞あまり歩いたところには、C11形蒸気機関車63号機が静態保存されている。1974（昭和49）年に日中線から蒸気機関車が引退した際、さよなら列車を牽引した機関車だ。

「この遊歩道は、この機関車の周辺から整備されました。最初はソメイヨシノを植樹することが決まりかけていたのですが、父が〝しだれ桜にしてほしい〟と頑張ったそうです」

唐橋東氏は、1970（昭和45）年から4期16年市長を務めた革新系の政治家で、5期

塗り直されてからも15年が経過し風化が進む喜多方駅日中線駅名標

毎年4月中旬には顔の高さにまで桜が満開に咲く。かつてはここを旧型客車の混合列車が走っていた

目を目指した1986（昭和61）年の市長選で保守系新人に敗れた。しだれ桜散歩道構想は、市長としてほぼ最後の仕事だったそうだ。廃線跡の遊歩道にソメイヨシノを植樹する例は全国にあるが、しだれ桜は珍しい。地面すれすれまで枝が降りるしだれ桜は「桜のトンネル」となり、今では町に20万人の観光客を呼ぶ名所に成長した。これも、日中線という鉄道文化があったからこそだ。

しだれ桜散歩道は、遊歩道にしては珍しく、グーグルストリートビューにも収録されており、桜が満開の様子をオンラインでたどれる。並走する道路は初夏の画像が収録されており、桜と新緑の両方を楽しめるのもいい。

実際に現地を訪れた時は、足もとに注目したい。よく観察すると、「工」マークをつけた国鉄の敷地境界標があちこちに残っている。

機関車からさらに1㎞ほど進み、「桜のトンネル」が最も美しいポイントを過ぎると、会津村松駅跡に着く。貨物側線のスペースが小さな芝生になっているだけで遺構はないが、2019（平成31）年に「日中線しだれ桜プロジェクト」によって駅名標のレプリカとプロジェクトの案内板が設置された。周辺にはコンビニがいくつかあるが、この先は終着・熱塩まで廃線跡沿いにコンビニはないので、必要なものはここで買っておこう。

遊歩道にはいくつか国鉄時代の敷地境界標が残っている

日中線しだれ桜プロジェクトの案内板とレプリカの駅名標が設置された上三宮駅跡。左の道路が線路跡だ

会津村松駅跡から500mほどでしだれ桜散歩道は突然終わり、そこからは普通の舗装道路が延びている。この唐突感が、唐橋さんたちに「しだれ桜プロジェクト」を始めさせたきっかけのひとつだったそうだ。

建設会社の前から未舗装道路となった廃線跡は、やがて県道335号に合流して押切川を渡る。その先が上三宮駅のあった場所だ。駅に隣接していた立派な石造りの農産物用倉庫は健在で、どこか駅前の雰囲気が感じられた。駅から徒歩2分の場所には、上三宮に日中線を誘致した老舗酒造、笹正宗酒造もある。開業当初は、酒樽を上三宮駅から貨車に積み込んで出荷していたという。

8年間で200本あまりが植樹されたしだれ桜

上三宮の先で、線路跡は県道から離れ、左右を農道に挟まれたスペースとなる。

「さあ、こちらが私たちの植樹地です。素敵なところでしょう」

唐橋さんが胸を張った。2015(平成27)年に訪れた時は更地だった線路跡にウッドチップが敷き詰められ、左右に桜の幼木が並んでいる。前回は3本しかなかった桜の植樹も、数次にわたるさくらオーナー募集によって、今ではこの一帯だけで120本あまりに増えたという。正面に飯豊連峰を望み、鉄道らしく緩やかにカーブしているのもいい。線路が水路をまたいでいたコンクリート橋台なども保全されており、あと数年経過して桜が成木になれば、喜多方の新しい名所になるに違いない。

「桜は根の成長を見越して8m間隔で植樹するのが最適だそうなんですが、我々は7m間隔で植樹しています。ネットでさくらオーナーを募集したところ、集まり過ぎてしまったので間隔を少しつめています（笑）」

植樹された区間は520mほどで終わり、その先は線路跡が農道に変わっている。ここからは2006（平成18）年まで会津加納村だった地域で、日中線廃止後に圃場整備が行われて線路跡が農道に転用された。

公道への桜の植樹は簡単ではない。道路に沿って建物も多く、周辺への日照権や水利権の問題も解決しなくてはならないからだ。だが、唐橋さんや井上さんたちの地道な活動と、しだれ桜散歩道の賑わいによって、少しずつ理解が進んでいるそうだ。

農道が再び県道と合流する地点には、花壇にレールが敷かれている。これは1990（平成2）年頃に県道が整備された際、道路設計の担当者が「ここを鉄道が通っていたことがわかるように」と新たに敷いたもの。今はここもしだれ桜の植樹地となり、3本の桜が植

2015年4月の段階では、まだ3本しか植樹されていなかった

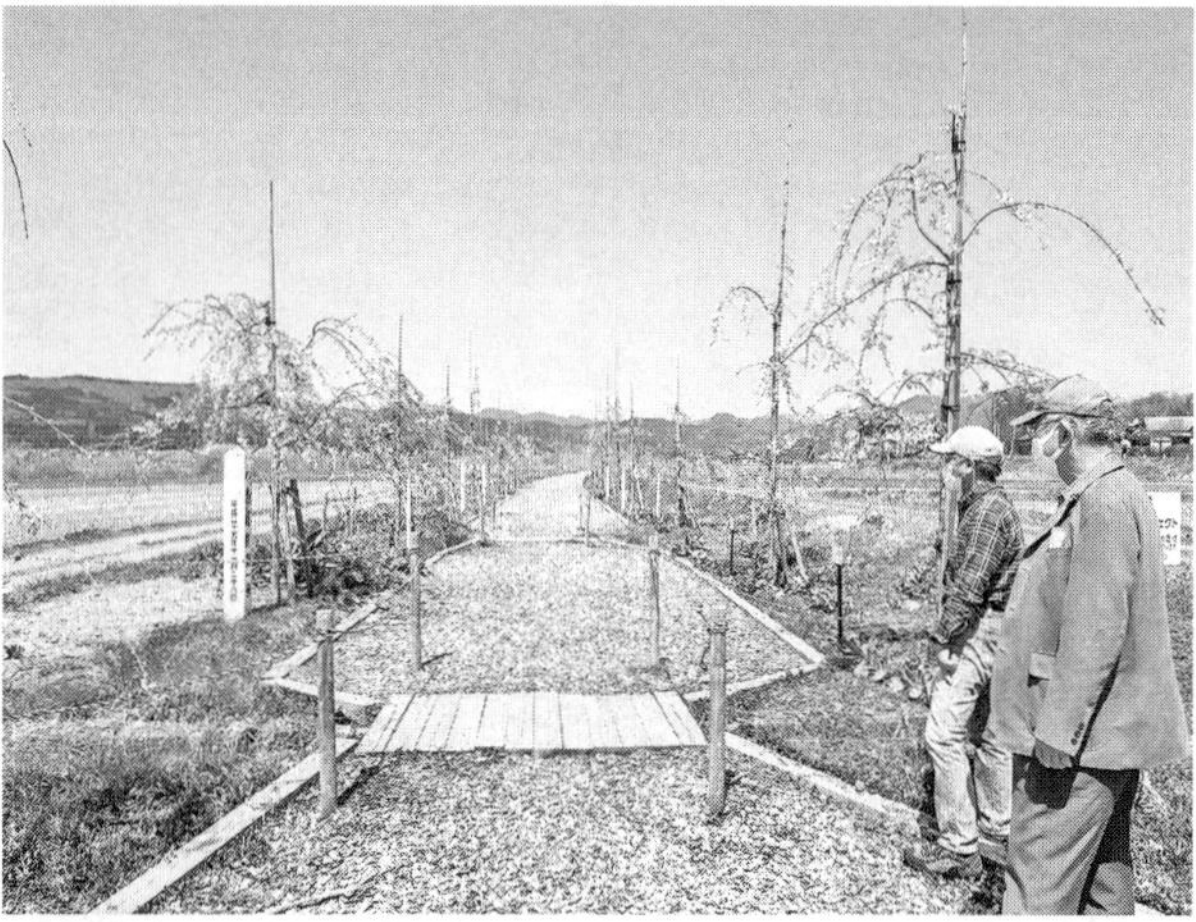

100本を超えるしだれ桜が育ちつつある2021年4月の同一地点。右から井上普さんと唐橋脩さん

えられている。

レールを過ぎるとまもなく会津加納駅があった場所だ。会津加納駅には鉱石を貨車に積み込むホッパーと索道があり、1972（昭和47）年まで北西4㎞ほどの与内畑鉱山で産出した石膏の輸送を行っていた。線路跡は県道となり、駅の遺構は残っていないが、近年設置された駅名標は、長年熱塩駅跡の日中線記念館で保存されていた本物だ。しかし最近劣化が見られるため、レプリカへの交換が検討されている。駅跡周辺にも、2017（平成29）年に30本ほどのしだれ桜が植樹された。会津加納駅最後の駅長のご家族も植樹してくれたそうだ。各桜にはオーナーによるメッセージが記され、「日中線しだれ桜の全線開通を祈ります」といった言葉も見られる。

会津加納の集落を出ると、線路跡の道路は熱塩へ向けて右にカーブして再び田園地帯に入った。この辺りにも、少しずつ桜が植樹されている。

「この辺りは、なかなか進みませんでしたが、ようやく植樹することになりました。活動を始めてもう8年になりますが、やっと少しは並木道らしくなってきたように思います」

唐橋さんが言った。2021（令和3）年4月現在、植樹されたしだれ桜は218本。まだまだ全線つながったとは言えないが、これらのしだれ桜が成長すれば市民への理解も

道路整備と同時に設置されたレールモニュメントの横にも桜が植樹された

唯一本物が残る会津加納駅の駅名標。裏のガレージのあたりにホームや駅施設があった

深まるだろう。今まで植樹できなかった場所にもできるようになるかもしれない。日中線の廃線跡は、今まさに全通に向けて「建設」が進んでいる。

現役時代よりもきれいに保存された熱塩駅

国道121号をくぐると、旧熱塩加納村の中心部で、日帰り温泉施設の「夢の森」や醤油ラーメンが美味しい「ほまれ食堂」などがある。終着の熱塩駅まではあと少しだが、熱塩駅周辺には商店がないので、昼食などはここで済ませるとよいだろう。

「夢の森」の先で線路跡は県道から離れて熱塩の集落に入る。この辺りの線路跡は払い下げられて農地などになっており、民家の先に水路をまたぐ函渠が残っている。日中線で唯一の、廃線遺構らしい区間だ。

日中線は押切川の支流である野辺沢川を渡っていたが、橋梁の跡は残っていない。その先はもう終着・熱塩駅の構内だ。転車台の跡が花壇のように残っている。この転車台は昭和30年代まで使われていたもので、その後は喜多方行きの列車は逆機（後ろ向き）で運行されていた。

熱塩駅は、線路はすべて撤去されたものの、駅舎は現役時代以上にきれいになって、日中線記念館として公開されている。2006（平成18）年以降、再び荒廃の兆しが見えていた施設を元喜多方市職員の須田崇氏が中心となって再整備されたもので、駅事務室の展示室には現役当時の写真や道具類などが展示されているほか、旧型客車のオハフ61とラッセル除雪車のキ287も保存・公開されている。

「今後は、あと40本ほどの植樹は決まっています。ほかにも植樹をしたい場所はありますが、さまざまな課題があり、今の時点ではまだわかりません。今後は、今育ちつつある桜をきちんと管理して、多くの人に知っていただく活動も進めていきたいと思います」

喜多方と熱塩とでは標高差があり、桜の開花時期には1カ月近い差がある。市内には開花が早いソメイヨシノもあり、植樹されたしだれ桜が成木に育てば、4月上旬から月末まで、日中線を歩くとどこかで美しい桜を楽しめることになる。日中線の廃線跡は、まだまだこれから「成長」していくのだ。

代替バスも廃止され帰りの足に一工夫が必要

さて、12kmほどの日中線廃線跡は全体に歩きやすいコースだが、問題は帰りの足をどうするかだ。日中線代替バスは2012（平成24）年に廃止され、現在公共交通機関は平日

熱塩小学校の近くには熱塩以外では唯一といってもよい日中線のはっきりとした遺構が残る

戦時体制直前のモダンな建物が美しい旧熱塩駅・日中線記念館

のみ運行で事前予約が必要なオンデマンドタクシーしかない。市民以外でも利用できるが、11時以前の便は前日17時まで、それ以降の便は当日10時30分までに電話で予約が必要だ。熱塩駅向かいの熱塩温泉郵便局前から、14時半または17時半に発車する便がある。

首都圏から訪れるなら、東京駅から朝一番の新幹線に乗車すると10時過ぎに喜多方駅に到着する。11時から歩き始めると、「夢の森」周辺で昼食をとって熱塩到着は15時くらい。日中線記念館を見学して、17時半のオンデマンドタクシーで喜多方駅に戻れる。

もっとも、時間に余裕があるなら、熱塩温泉に一泊することをすすめたい。文字どおり塩分の強い秘湯で、翌朝は宿の送迎バスで喜多方駅に出られる。健脚の人なら、日中線記念館からさらに50分歩いた日中ダムのほとりにある日中温泉もいい。

4　車両が甦える廃線!?　別府《べふ》鉄道

鉄道の歴史を語る航空写真と古地図

クラウドファンディングという手法によって、少しずつ車両が甦っている廃止路線がある。兵庫県加古川市周辺で、1984（昭和59）年まで運行されていた私鉄、別府鉄道だ。

別府鉄道は、兵庫県加古川市の別府港駅と山陽本線土山駅とを結んでいた土山線4・1㎞と、別府港から国鉄高砂《たかさご》線野口駅に至る野口線3・7㎞の、2本の路線から構成された私鉄だ。1915（大正4）年に人造肥料製造業を営む多木久米次郎によって設立され、製品である肥料を輸送するため1921（大正10）年に野口線野口〜別府港間が開業した。1923（大正12）年に山陽本線への直結ルートとして土山線新土山（後に土山）〜港口間が開業すると貨物輸送の主体はそちらに移り、野口線は旅客、土山線は貨物と分担するようになった。戦後も別府港周辺で生産される肥料や化学製品などの輸送を中心に活用されたが、モータリゼーションの進展によって徐々に貨物取扱量が減っていった。そして1984年、国鉄の貨物輸送が「各地から操車場に集めた貨車を目的地別に振り分ける」

ヤード方式から、トラックと連携して拠点間を高速で結ぶ拠点間輸送方式中心に改められると土山駅での貨物取扱がなくなり、別府鉄道も同年1月末限りで廃止された。

別府鉄道の廃線跡は、野口線がほぼ全線遊歩道化され、土山線も道路と遊歩道に生まれ変わっている。野口線と接続し1984年11月末限りで廃止された国鉄高砂線の跡も道路と遊歩道に整備され、全線をたどることができる。秘境感はないが、鉄道の遺構が比較的保存されていて、散策を楽しめる。

3路線とも兵庫県東播磨地域を代表する都市を走っていただけに、古地図や昔の航空写真が充実している。「地理院地図」の航空写真は、1960年代、1970年代、1980年代がすべて揃っていて、沿線の歴史をかいま見られる。1960年代は別府港以外一面の畑の中を走っていたのが、1970年代の写真では沿線に工場が続々と建ち、1980年代になると新興住宅も激増する。「今昔マップ」も興味深い。「姫路」の古地図には、別府鉄道が別府軽便鉄道として全通した1923年、沿線に工場が増えて輸送量がピークを記録した頃にあたる1967（昭和42）年、そして別府鉄道が廃止された直後、国鉄高砂線が最後の走りを見せる1984年の地形図が閲覧できる。偶然とは言え、別府鉄道の節目節目の地図が収録されているのだ。今昔マップからは、グーグルストリートビューにも

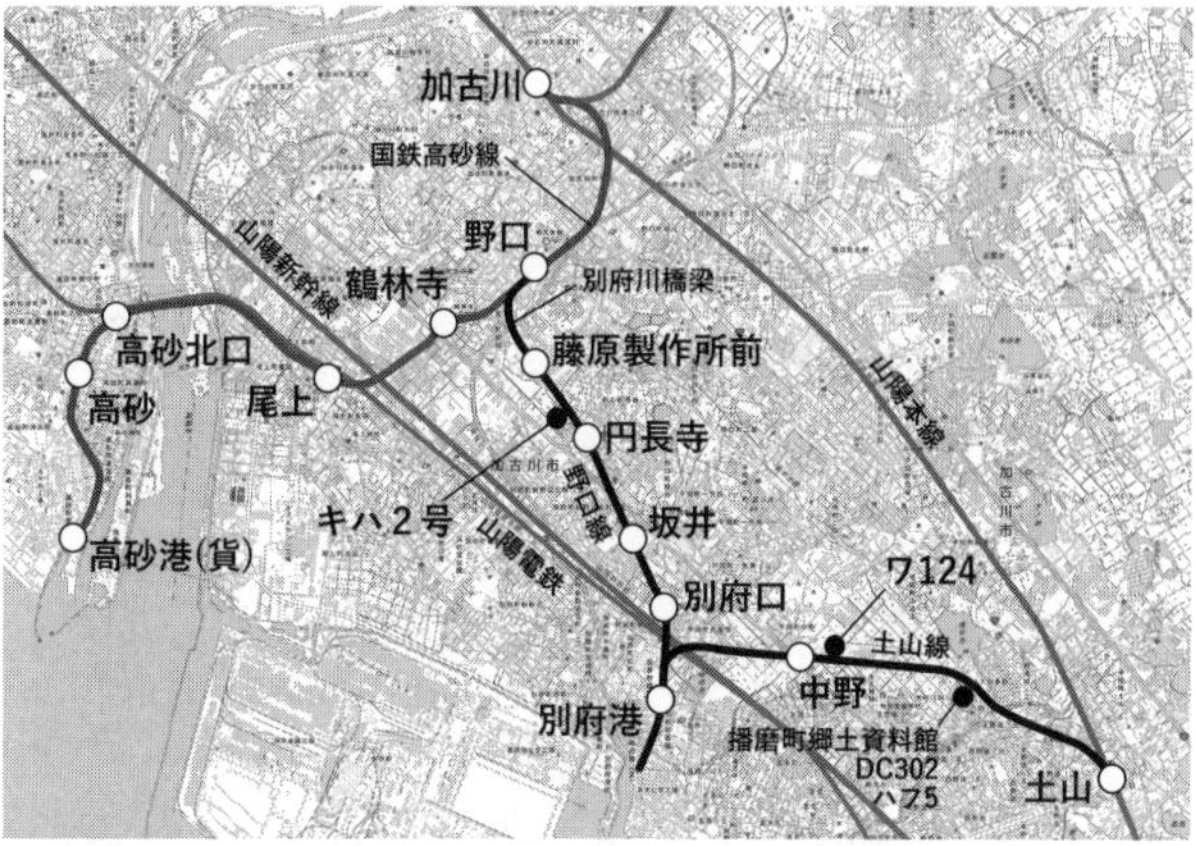

別府鉄道・国鉄高砂線　国土地理院「地理院地図」より作成

野口駅付近

モニュメントが残る野口駅跡

地理院地図

現役時代の野口駅　誉田勝撮影

今昔マップ

ジャンプできる。1967（昭和42）年の地図で、別府鉄道の線路上にマウスポインタを置いて右クリックしてみよう。

クラウドファンディングで見違えたキハ2号

航空写真と古地図で別府鉄道を観察したら、現地を訪れよう。別府鉄道は2路線歩いても9㎞弱で徒歩でもいいが、自転車が最適だ。加古川駅には、駅レンタカーが運営するレンタサイクル「駅リンくん」があり、普通のママチャリながら翌日の10時まで安価に借りられる。

最初に向かうのは、野口線が分岐していた国鉄高砂線野口駅だ。高砂線は沿線にいくつも信号機などの遺構や車軸などのモ

都市化が進んだ街中を戦前型の車両が走っていた

ニュメントが保存・展示されていて、こちらも楽しい。野口駅にはホームを模した石垣に駅名標とレール、気動車の台車が展示されている。

別府鉄道の線路跡を利用した遊歩道「松風こみち」は、野口駅跡から200mほど先の安田北交差点から始まる。最初の遺構が、別府側を渡っていた下路式プレートガーダー橋だ。橋桁の下側に線路面がある橋で、鉄道時代のものがそのまま遊歩道に使われている。かなり錆び付いてはいるが見るからに頑丈だ。

橋から800mほど進んだ小さな公園に、別府鉄道のキハ2号気動車が静態保存されている。1931（昭和6）年にガソリン動車として製造され、三重県の三岐鉄道で活躍した後、1964（昭和39）年に別府鉄道にやって来た車両だ。両妻面に食料品などを置く荷台を装備し、半鋼製2軸ボギー、機械式気動車という昭和前半期の仕様を残す貴重な車両だが、廃止から30年を経て荒廃が進んでいた。

そこで、2013（平成25）年9月から有志が修復支援活動をスタート。車両を所有する加古川市や、別府鉄道の元親会社である多木化学の協力も取り付けて、車両の清掃・修繕作業が始まった。2015（平成27）年には、市民団体「旧別府鉄道キハ2号を守る会」が発足、3度にわたるクラウドファンディングによって500万円を超える資金を集め、

2008年にキハ101が解体され、荒廃が進んだキハ2号の行く末も心配されていた（写真提供：旧別府鉄道キハ2号を守る会）

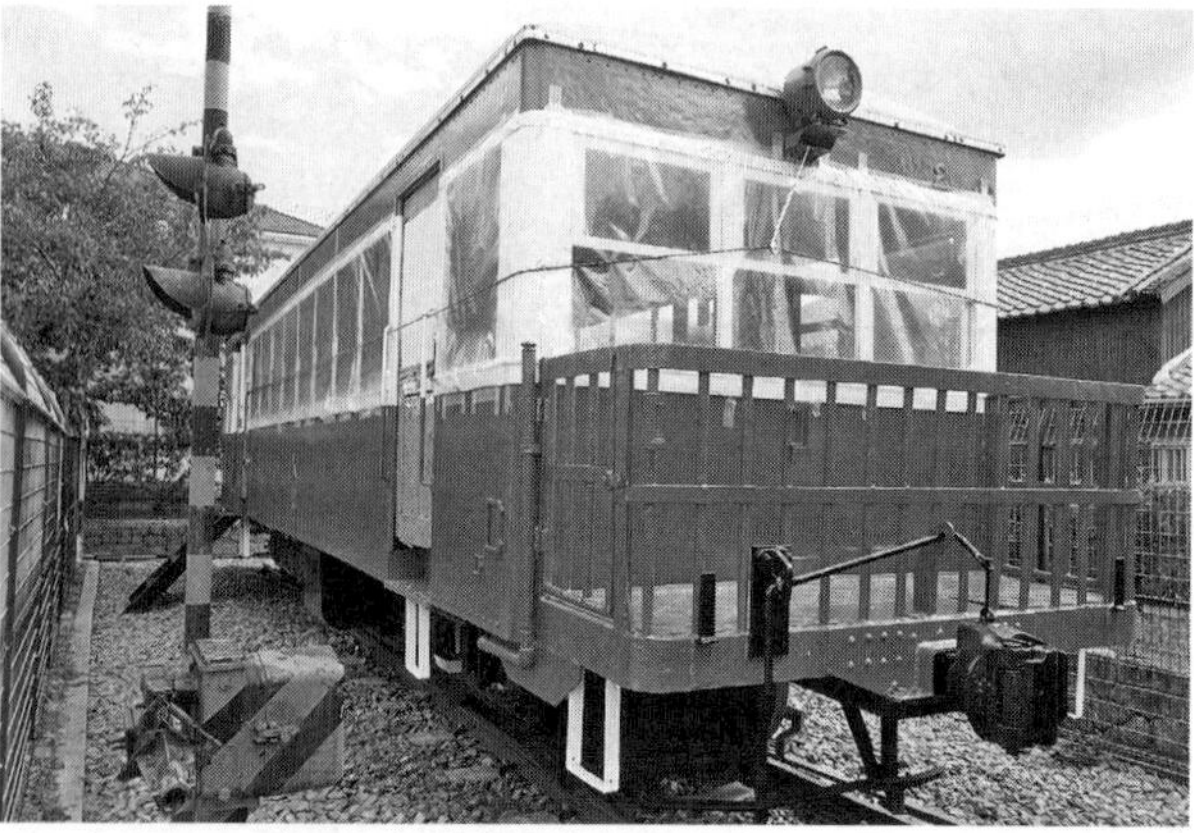

クラウドファンディングで修復が進んだ

雨水によって腐食が進んでいた屋根の修繕、車体の復元と防錆加工、窓枠の修復などさまざまな復元作業が行われた。

ユニークなのは、その修繕方法だ。専門的な知識が必要な部分はその道のプロが設計・作業するが、窓枠の製作などさほど専門性の高くない部分については、レールファンや市民を対象とした復元イベントとして実施された。鉄道好きのタレントを招き、一緒に作業を行うことでタレントのファンに喜んでもらうと同時に、「自分たちの手で復元した」という意識を広め、保存の持続性につなげる。イベントの収益は保存活動の資金にもなるなど、「一石三鳥」で復元が進められた。

こうした活動のおかげで、2021（令和3）年現在、キハ2号は外観だけでなく内部の修繕まで実施され、現役当時以上の美しい姿を取り戻している。

松風こみちは、山陽電鉄別府駅付近まで約3㎞にわたって続いている。一見、線路跡の趣は消えてしまったようにも見えるが、よく見れば別府鉄道の社章が入った敷地境界標がいくつか残り、一部の踏切跡にはレールも残されている。途中、国道250号明姫幹線と交差する付近には飲食店も多く、休憩場所にもこと欠かない。

別府川の橋梁から約2・5㎞にわたって南東へ直進してきた線路跡は、最後に大きく右

踏切跡には一部レールも残されている

法人としては今も存続している別府鉄道

へカーブし、山陽新幹線と山陽電鉄をくぐる。山陽電鉄は石積み、山陽新幹線はコンクリート高架で、それぞれの鉄道が建設された時代が見てとれる。山陽電鉄の前身、神戸姫路電気鉄道が明石〜姫路間を開業させたのは1923（大正12）年8月だから、1921年開業の別府鉄道は3つの鉄道のなかでも最も早く開業している。

別府駅前で遊歩道は終わり、線路跡は市道になる。イトーヨーカドーの駐車場がある辺りが、旅客の終着、別府港駅があった場所だ。その先、西脇北交差点横には「別府鉄道」の看板がある。実は、「別府鉄道株式会社」は不動産管理会社として今も存続しているのだ。

イトーヨーカドーの南隣、別府交差点付近には、別府鉄道とその元親会社である多木化学の旧本社建屋が残されており、明治末期の煉瓦塀がその歴史を物語っている。

道路化されながらも見どころの多い土山線

Uターンして、土山線に入る。イトーヨーカドーの隣、パチンコ店があるあたりが野口線と土山線の分岐点。パチンコ店の駐車場は、レールが分岐していく様がそのまま駐車の枠に現れていて面白い。

その先は市道になっていて、野口線と同様に山陽電鉄と新幹線をくぐるが、山陽電鉄との交差部は単線分の幅しかなく、行き交う自動車は譲り合って通過している。

明姫幹線との交差点を過ぎると、水田の脇に貨車が1両置かれている。別府鉄道で使われていたワ124で、廃線後払い下げられて農業用器具置き場に使われている。以前はかなり錆びていたが、こちらは今ではきれいに塗り直されて、「別府鉄道」「ワ124」といった文字も書かれている。そのすぐ先にある工場は、川崎重工業加古川工場だ。かつてはここで貨車を製造しており、完成した車両は別府鉄道を通じて土山駅から回送された。今は鉄道車両の製造は行っていないが、金網越しに、構内の地面にかつての引込線の痕跡を観察できる。

工場から600mほど先に播磨町郷土資料館があり、ディーゼル機関車のDC302と客車のハフ5が保存されている。晩年の土山線は1日4本しか列車がなく、この小さな機関車と戦前製の客車がゆっくり走る、なんとも浮世離れした鉄道だった。郷土資料館はこぢんまりとしているが、別府鉄道の展示もしっかりしており、ぜひ立ち寄って行きたい。

郷土資料館から終着の土山駅までは、遊歩道「であいの道」に整備された。周辺は弥生時代後期の大中遺跡でもあり、興味があれば兵庫県立考古博物館に立ち寄るのも楽しい。

ここから駅までは1㎞あまり。古レールを使った土山線を記念するオブジェもいくつかある。

土山駅は2003（平成15）年に橋上駅舎化されて別府鉄道の面影はない。自転車なら、加古川までは約9km。土山駅周辺にはカフェのような休憩できる場所が少ないので、休憩は加古川駅に戻る国道2号線沿いがいい。

別府鉄道は、自転車なら2時間もあれば一通りまわれて、保存された遺構も多い。徒歩なら、休憩時間も含めて4時間程度で歩ける。半日でまわれて、町を走っていた鉄道を語りつごうという気持ちを感じ取れる、手軽な廃線跡だ。

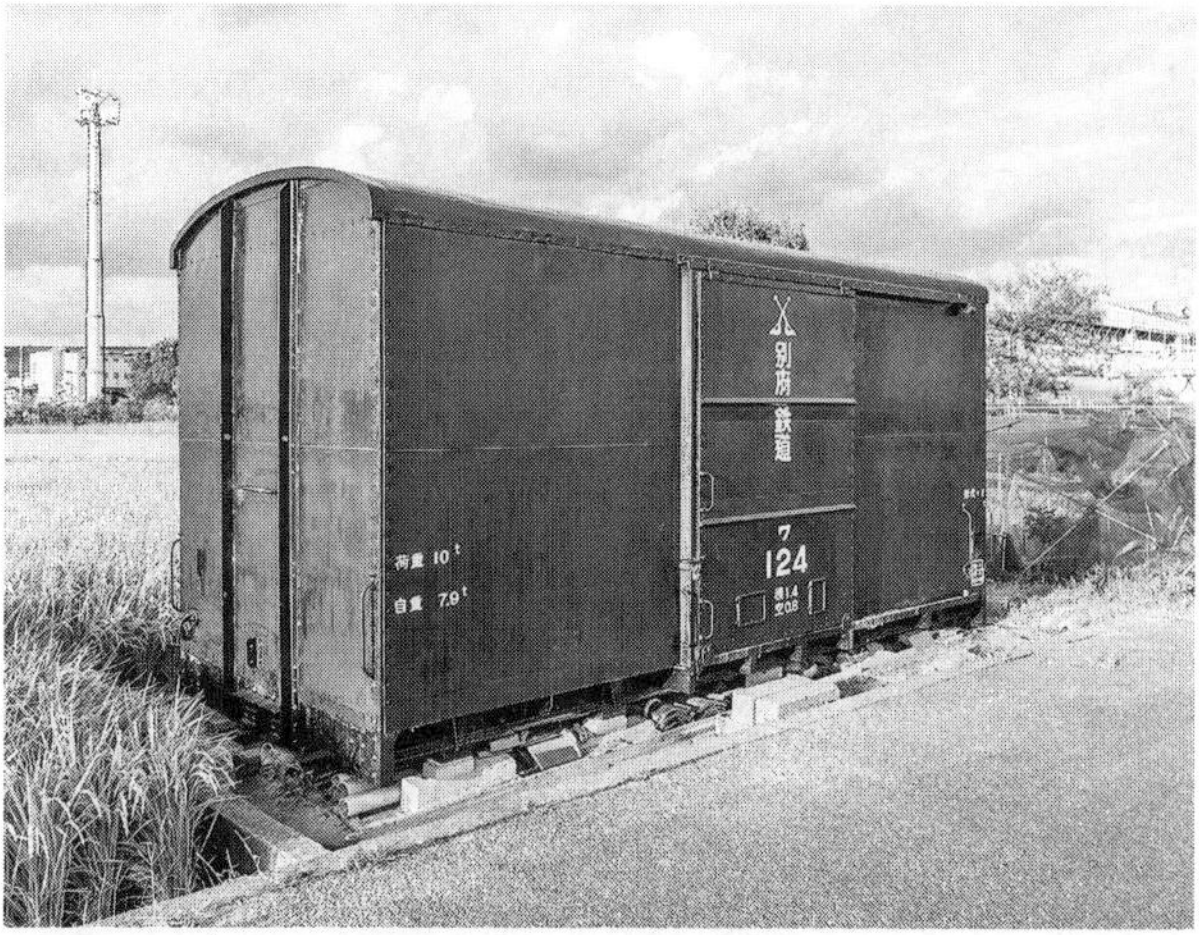

下回りははずされたが車体はきれいに保存されているワ124

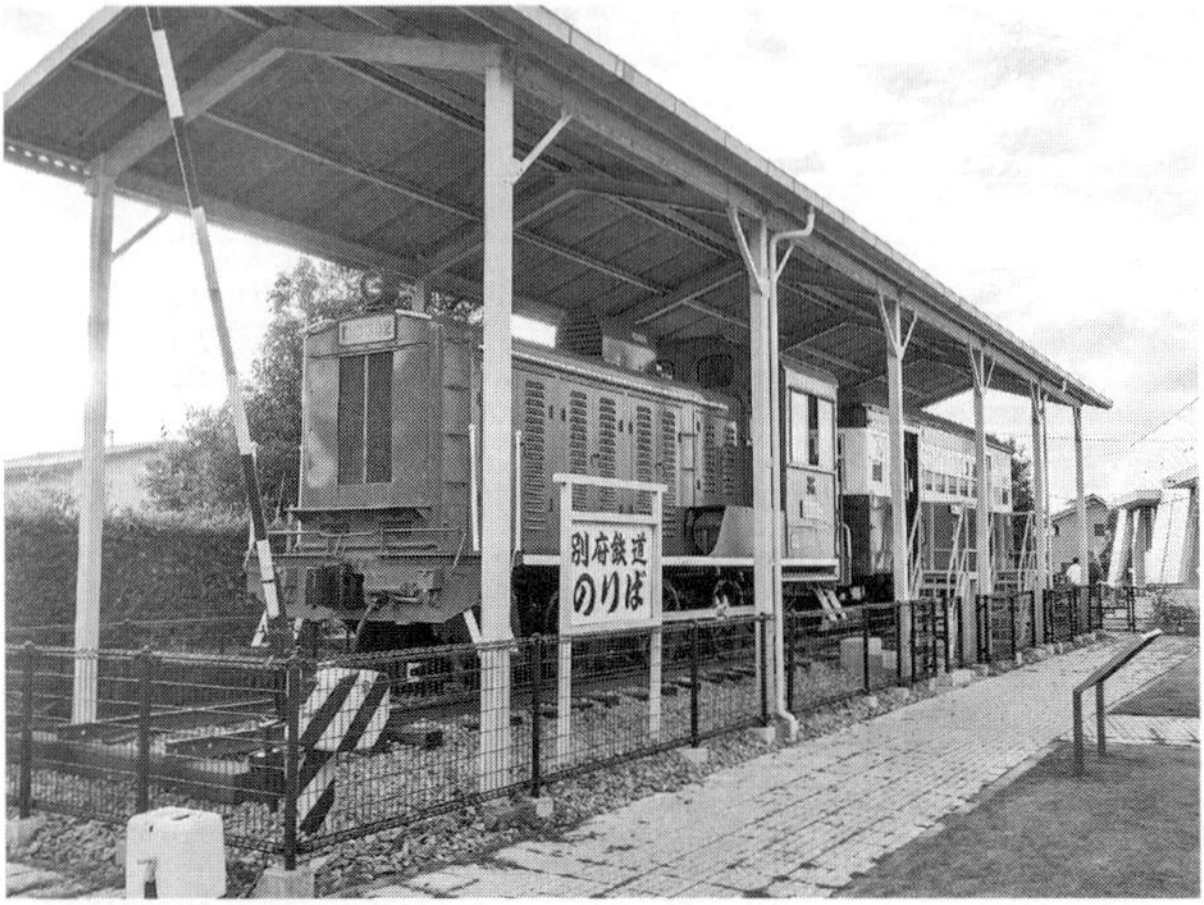

播磨町郷土資料館に保存されているＤＣ302とハフ5。駅名標なども保存されている

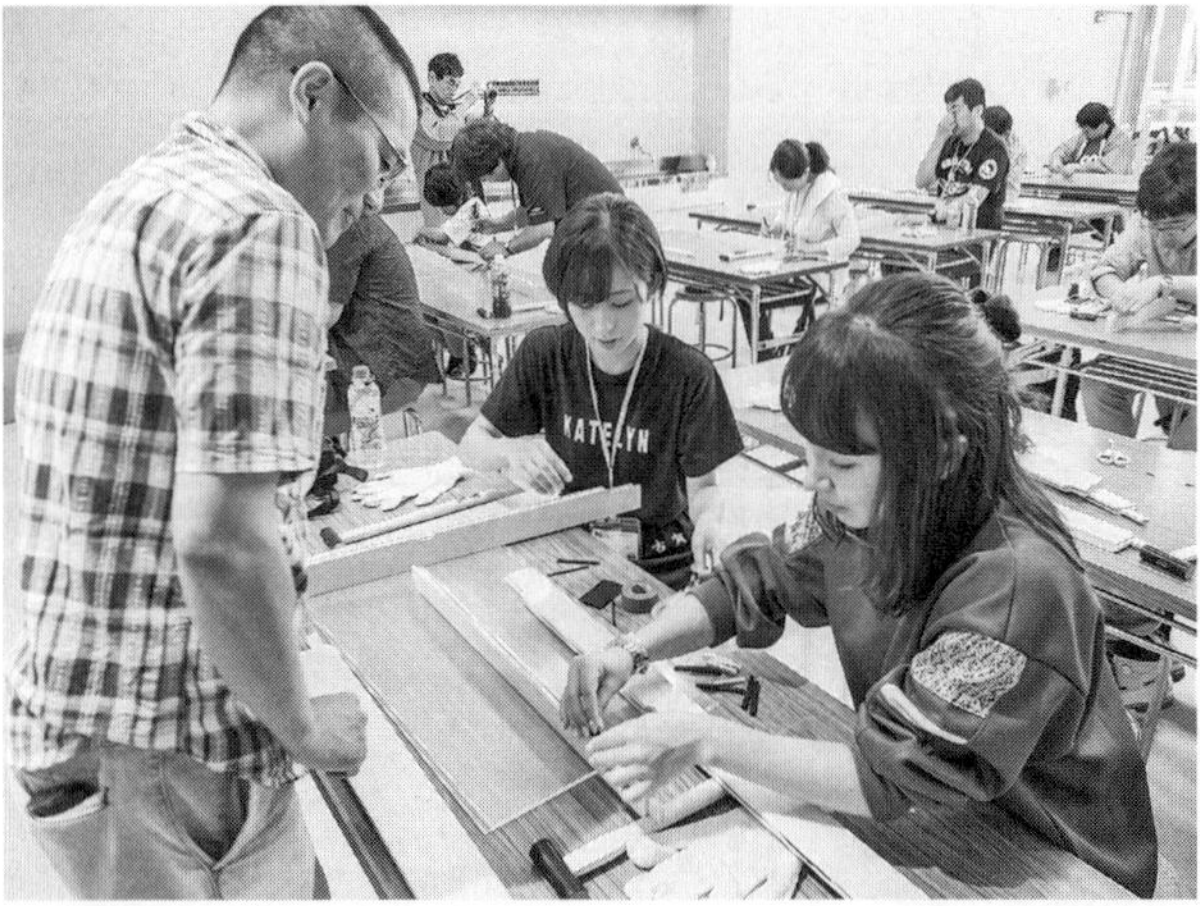

指導を受けながらキハ2号の窓枠を製作するママ鉄タレントの豊岡真澄さん（手前）と、こがちひろさん（奥）

第8章　おすすめの廃線跡

根北線《こんぽく》

戦時体制下で建設された越川橋が文化財に

知床半島のつけ根を横断し、斜里駅（現・知床斜里）と根室標津駅（標津線：廃止）とを結ぼうとした国鉄の路線だ。１９５７（昭和32）年に越川まで開業したが超閑散路線となり、わずか13年後の１９７０（昭和45）年に廃止された。今では遺構はほとんど消え、根北線が記載された古地図もネット上では閲覧できない。「地理院地図」の１９７０年代航空写真では、廃止から7年が経過し整地が進む廃線跡の様子を見られる。単写真なら１９７１年撮影の航空写真も閲覧でき、こちらはほぼ全線を観察できる。

知床斜里町内の、セブンイレブン斜里本町店の南側に残る橋台が開業区間唯一の遺構。一方、最大の遺構は越川駅の先、未成区間にある第一幾品川橋梁（通称：越川橋）だ。長さ１４７ｍ、高さ21・７ｍの十連アーチで１９３９（昭和14）年竣工。戦時体制下で建設されたため鉄筋を使っておらず、国の登録有形文化財に認定されている。

越川橋のすぐ先には、地元の人々が管理する野趣満点の越川温泉がある。知床斜里か網走でレンタカーを借りて訪れるとよい。

根北線

北海道
斜里（釧網本線）〜越川
営業キロ　12.8km
全線開業　1957年11月10日
全線廃止　1970年12月1日
高低差　約130m
自動車での標準時間　1時間
徒歩　×　バス　×　自転車　△
車　○
代替交通機関　なし

地理院地図

越川の先、国道244号線をまたいでいた第一幾品川橋梁

下北交通大畑線

廃線跡、動態保存、未成線と多彩な形を見せる

下北半島北部にあった元国鉄線で、1985（昭和60）年にバス会社だった下北交通に移管された。線路跡は、起点側の下北～田名部間が住宅地に転用されているほかは全線にわたって残っている。しかし、沿線はツキノワグマやスズメバチが多い地域で、夏季は厳重な警戒が必要。特に田名部～樺山間は深い森の中を通過するので、線路跡に入るのは危険だ。冬は積雪もあるので、訪問は4月か11月頃がいい。樺山駅からは道路との交差が増えるほか、周辺の土地所有者が通路として使っている場所がある。陸奥関根～川代間で津軽海峡沿いに出ると、線路跡を生活道路として使っている場所が増える。

終着の大畑駅は下北交通の営業所になった。駅構内ではNPO法人大畑線キハ85動態保存会がキハ85の動態保存を行っており、定期的に乗車体験会を実施している。下北～大畑間はバスの便が比較的多く、徒歩と組み合わせるとよい。また、大畑から下北半島北端の大間までは建設途中で放棄された大間線の遺構が多数残る。下風呂温泉では未成線のコンクリート橋梁が遊歩道に利用されている。

下北交通大畑線

青森県
下北（大湊線）～大畑
営業キロ　約18.0km
全線開業　1939年12月6日
全線廃止　2001年4月1日
高低差　約28m
徒歩での標準時間　2日
徒歩　○　バス　○　自転車　×
車　○
代替交通機関
下北交通バス上下線（1日8～14本）
休日は本数が減るので注意。ほぼ国道279号を通る

地理院地図

大畑線キハ85保存会

数多くの遺構が残る大畑線の廃線跡　正津川駅付近

くりはら田園鉄道

ほぼ全線にレールが残る、保存運動も活発な「わが町の鉄道」

軌間762㎜の軽便鉄道として開業、戦後は細倉鉱山からの鉱石輸送を担い、東北有数の近代的な私鉄路線だった。長らく栗原電鉄として運行されていたが、細倉鉱山の閉山後に電化を取りやめてくりはら田園鉄道となり、2007（平成19）年に廃止された。

起点の石越駅から3・2㎞の若柳駅は「くりはら田園鉄道公園」として整備され、駅構内を見学できるほか、くりでんミュージアムも併設されている。若柳駅から石越方の約900mは動態保存車両の運転区間になっていて、イベント時には乗車体験もできる。

それ以外の区間は、道路交差部以外はレールが敷かれた状態でほぼ残っている。今にも列車が走ってきそうだが、若柳〜栗駒間はひたすら田園地帯で変化に乏しいので、代替バスの栗原市民バスくりはら田園線と組み合わせてもいい。栗駒〜細倉マインパーク前間は山間部に入り橋梁もあるなど難易度が上がるが、栗原田町〜尾松間に残る、改軌時に放棄された赤坂山トンネルなど見どころは多い。夏季は熊、ハチ、熱中症に十分注意しよう。「ひなたＧＩＳ」では石越〜若柳間が併用軌道だった時代の地図が見られる。

くりはら田園鉄道

宮城県
石越～細倉マインパーク前
営業キロ　25.7km
全線開業　1942年12月1日
全線廃止　2007年4月1日
高低差　約76m
徒歩での標準時間　2日程度
徒歩　○　バス　○　自転車　△　車　△
アクセス：東北本線石越駅から
平行交通機関
栗原市民バスくりはら田園線　1日6～9本

地理院地図

ひなたGIS

今も線路が残る廃線跡の上を東北新幹線「はやぶさ」が通過する　大岡小前～大岡間

筑波鉄道

国内有数のサイクリングロードに生まれ変わる

常磐線土浦駅と水戸線の岩瀬駅とを結んでいた関東鉄道グループの私鉄だ。1987(昭和62)年3月に廃止された後は、ほぼ全線がサイクリングロードの「つくばりんりんロード」に生まれ変わり、自転車や徒歩でたどることができる。半分以上の駅でホームなどが保存されており、筑波駅や雨引駅など休憩所として整備された駅も多い。沿道には桜が植樹され、毎年3月下旬から4月上旬にかけて見頃となるほか、勾配標や距離標などもところどころに残されている。

訪問は自転車がおすすめ。広域レンタサイクルを実施しており、ウェブで3日前までに予約すれば、土浦駅近くのりんりんスクエアや岩瀬駅前の高砂旅館などでクロスバイクなどの自転車を借りることができる。土浦↓岩瀬間などの片道利用も可能だ。

代替バスは、土浦～筑波山口(旧筑波駅)間が関東鉄道、筑波山口～岩瀬間は桜川市コミュニティバスが運行されている。どちらも1～2時間に1本程度あるので、主要駅跡で途中下車してりんりんロードの散策と街歩きをするのも楽しい。

筑波鉄道

茨城県
土浦（常磐線）～岩瀬（水戸線）
営業キロ　40.1km
全線開業　1918年9月7日
全線廃止　1987年4月1日
高低差　約56m
自転車での標準時間　3時間
徒歩　△　バス　△　自転車　○　車　×
代替交通機関　関東鉄道バス　1時間1～2本、桜川市コミュニティバス1～2時間1本
RingRing広域レンタサイクル
https://www.ringringroad.com/rentalcycle/

地理院地図

今昔マップ

多くの駅でホームが保存されている筑波鉄道。ここは虫掛駅跡

蒲原《かんばら》鉄道

多くの駅がホームを残し、里山歩きを楽しめる

新潟県蒲原地方の城下町、村松への鉄道として建設された鉄道だ。1999（平成11）年に廃止された五泉～村松間は、県道7号に隣接してグリーンベルトが残る。村松駅はバス会社となった蒲原鉄道株式会社の本社で、駅舎は当時のまま。ここから大蒲原駅付近までは道路化され、途中の村松郷土資料館ではモハ11が保存されている。

高松駅付近からは廃線跡があぜ道となり、高松駅、土倉駅はホームが残るなど散策を楽しめる。スキー場がある冬鳥越駅に保存された3両の車両は加茂市が管理しており、比較的良好な状態。七谷駅は駅舎が地域の集会場として使われ、ホームもある。七谷～狭口間は薮が深く通行不可。狭口駅から再び線路跡のあぜ道を歩けるが、次の駒岡駅からは道路化された。最後の陣ヶ峰駅は築堤上にホームが完全な形で残る。

公共交通は、五泉～村松間に五泉市のふれあいバス、村松～加茂間に加茂市民バスがある。村松～高松間は本数が極めて少ないので注意が必要。加茂から高松まで11㎞歩き、夕方の加茂市民バスで村松へ行き宿泊、翌日郷土資料館を訪れるとよい。

蒲原鉄道

新潟県
加茂（信越本線）〜五泉（磐越西線）
営業キロ　21.9km
全線開業　1930年10月20日
全線廃止　1999年10月4日
高低差　約72m
徒歩での標準時間　2日程度
徒歩　○　バス　△　自転車　○　車　△
代替交通機関　五泉市ふれあいバス9〜12本、加茂市民バス2本

地理院地図

ひなたGIS

ホームがきれいに残る七谷駅跡

西武安比奈《あひな》線

長い休止の後ついに廃止。失われつつある線路跡

西武新宿線南大塚駅から分岐していた、全長3・2㎞の貨物線跡。入間川の川砂利輸送を目的に開業し、川砂利採取の規制強化などにより1963（昭和38）年に運行を休止した。終着付近に車両基地を整備して旅客線化する計画があり長らく休止扱いだったが、計画の撤回に伴い2017（平成29）年5月に正式に廃止された。

安比奈線は、ほぼ全線にわたってレールが残されていたが、正式廃止後、架線柱やレールの撤去が順次進められている。敷地自体はそのままで、踏切部などにはレールが残る。安比奈駅付近の一部を除き立ち入りは禁止で、踏切跡などから観察しよう。

田園地帯の用水路に架かる葛川橋梁や、森の中にレールが延びる池辺の森など廃線跡らしい見どころが多いが、池辺の森は伐採が進んでおり、以前の幻想的な光景は失われた。終点・安比奈駅跡は入間川の川原にあり、よく観察するとかなりのレールが残っている。木の根が育ちレールを持ち上げている場所は必見。ヤード跡はオフロード車のコースになっているので十分注意しよう。バスはなく、徒歩か自転車がおすすめだ。

西武安比奈線

埼玉県
南大塚（西武新宿線）～安比奈
営業キロ　3.2km
全線開業　1925年2月15日
全線廃止　2017年5月31日
高低差　約6m
徒歩での標準時間　1時間半
徒歩　○　バス　×　自転車　○　車　△
代替交通機関　なし

地理院地図

今昔マップ

木の生命力を感じ取れる安比奈駅入口付近のレール

東京都港湾局専用線

遊歩道化へ向けて動き出した晴海の鉄道橋

東京の臨海部、晴海と豊洲とを結ぶ春海橋の隣に、錆び付いた鉄道橋がある。東京都港湾局の貨物専用鉄道の跡で、「晴海鉄道橋」と呼ばれる。

この橋梁は、亀戸から小名木川を経て越中島まで来ていた貨物線を晴海地区に延伸するため１９５７（昭和32）年に開通したものだ。国内の鉄道として初めて連続ＰＣ（プレストレストコンクリート）桁とローゼ橋を採用した橋梁で、１９８９（平成元）年に東京都港湾局専用線が廃止されると保存が検討された。30年近く停滞し、周辺の再開発から取り残されていたが、２０２１（令和３）年２月から耐震補強工事がスタート。遊歩道化に向けて動き出している。様変わりした晴海地区に、晴海鉄道橋は貴重な存在だ。越中島から鉄道橋までの区間も所々にレールが残されている。豊洲駅前から、ＮＴＴドコモのサイクルシェアを利用するとよい。徒歩なら豊洲駅か木場駅から都営バス業10系統に乗り、塩浜二丁目で下車すると、鈴木病院の南側に残る廃線跡を見て晴海鉄道橋まで順にたどれる。また、豊洲北小学校の南側には、歩道にレールが埋め込まれている。

東京都港湾局専用線

東京都

越中島(総武貨物線)～晴海

営業キロ　約2km

全線開業　1957年12月17日

全線廃止　1989年2月10日

徒歩での標準時間　1時間

徒歩　○　バス　×　自転車　○　車　×

代替交通機関　なし

地理院地図

今昔マップ

都会の中に残る遺跡。美しく化粧直しされる前に一度見ておきたい

遠州鉄道奥山線

天竜浜名湖鉄道（国鉄二俣線）をまたぐ陸橋跡で知られる

大正時代の軽便鉄道ブームで建設され、三方原古戦場などを通っていた路線だ。浜松城公園の北を通り、奥山トンネルから約３㎞先の銭取駅付近まで歩行者専用道になっており、沿道には奥山線の案内板や敷地境界標もある。銭取からは普通の道路となるが、曳馬野駅跡にある遠鉄ストアには案内板がある。曳馬野～祝田間は線路跡がバスルートからはずれる。この区間は多くが道路化されたが、都田口交差点には都田口駅のものと言われる木柵が、中部電力遠江変電所向かいの谷駅付近には、道路南側の築堤に開渠（小さな橋）が現存する。天竜浜名湖鉄道金指駅の西方４００ｍ地点には同線をまたいでいた陸橋があり、次の岡地駅まで線路沿いに奥山線の開渠や岡地駅ホームがある。

気賀口からは道路になり、四村橋梁、小斉藤橋梁など道路橋に転用された鉄道橋を観察できるほか、奥山駅跡の手前には富幕川橋梁の橋脚と桁が見られる。田端駅跡近くにある観光鍾乳洞の竜ヶ岩洞には、キハ１８０３の実物大模型が展示されている。なお、本物のキハ１８０３は尾小屋鉄道に譲渡され、尾小屋のポッポ汽車展示館で動態保存されている。

遠州鉄道奥山線

静岡県
遠鉄浜松（現・遠州鉄道遠州病院駅）～奥山
営業キロ　約25.7km
全線開業　1923年4月15日
全線廃止　1964年11月1日
高低差　約60m
徒歩での標準時間　2日
徒歩　○　バス　○　自転車　○　車　△
代替交通機関
遠鉄バス奥山線（浜松駅～奥山）
1時間2本程度

地理院地図

今昔マップ

奥山線よりも後にできた二俣線（天竜浜名湖鉄道）のために陸橋が建設された

南方貨物線

完成目前で放棄された物流の大動脈

現在の名古屋臨海高速鉄道あおなみ線中島駅付近にある名古屋貨物ターミナル駅や笹島貨物駅（現・ささしまライブ駅）へのアクセスを目的に建設された貨物専用の未成線だ。東京方面からの貨物列車は、いったん名古屋駅を通過して稲沢操車場で方向転換、再度名古屋駅を通過して笹島貨物駅に入っていたが、この非効率を解消し名古屋周辺の貨物・旅客分離を実現できるはずだった。しかし、国鉄貨物輸送の縮小や、国鉄の経営悪化などによって完成目前で中止され、一度も列車が走ることなく放棄された。

東海道本線から離れる笠寺〜中島間には、東海道新幹線や運河に沿って高架線がブツ切りの状態で残る。高架にはすべて銘板があり、基礎の深さや直径などが記されている。新幹線よりも頑丈に作られ、高架を改装した建物や高架下の住宅も多い。あおなみ線との合流地点手前には、中部鋼鈑工場への引込線跡に整備された遊歩道に南方貨物線の橋脚と高架橋の切れ端が残る。周辺は緑が多く、まるで森の中の遺跡のようだ。歩道橋が多く、笠寺〜中島間を徒歩でたどるのがおすすめ。途中には日帰り温泉リゾートもある。

南方貨物線

愛知県
大府（東海道本線）～名古屋貨物ターミナル
営業キロ　約19.5km
　　　　　（笠寺～中島間約10km）
徒歩での標準時間　3時間
徒歩　○　バス　×　自転車　△　車　×
代替交通機関　なし

地理院地図

今昔マップ

中島駅の南、正徳街園の遊歩道に残る南方貨物線の遺構

中央本線愛岐トンネル群

明治時代のトンネル群が季節限定で公開

1966（昭和41）年に、複線電化によって付け替えられた中央本線高蔵寺〜多治見間の旧線に残る13のトンネル。そのうち、愛知県側の4つのトンネルが、NPO法人「愛岐トンネル群保存再生委員会」によって毎年期間を定めて公開されている。公開されているトンネルは、いずれも1900（明治33）年に中央本線名古屋〜多治見間が開業した際に建設されたもの。壁柱や帯石、扁額といった立派な装飾を備えた明治時代の煉瓦積み馬蹄形トンネルで、近代化産業遺産に認定されている。

愛岐トンネル群は、1966年に放棄された後、大部分が雑草に埋もれていた。2005（平成17）年に勝川駅の赤煉瓦製プラットホームが撤去された際、地域の古老が旧トンネル群の存在を思い出したことがきっかけで有志が探索を開始。2007（平成19）年から本格的な保存再生事業が始まった。

特別公開は通常毎年春と秋に行われ、夏休みなどにも公開イベントがある。トンネル内では、音響装置を設置して蒸気機関車のドラフト音を響かせるなど工夫が凝らされている。

中央本線愛岐トンネル群

愛知県
定光寺(中央本線)～古虎渓(中央本線)
営業キロ　約1.7km
全線開業　1900年7月25日
全線廃止　1966年3月12日
高低差　約20m
徒歩での標準時間　2時間
徒歩　○　バス　×　自転車　×　車　×
アクセス
定光寺駅からゲートまで350m。公開日は多数のハイカーが参加する。

地理院地図

愛岐トンネル群
保存再生委員会

ゲートには発掘のきっかけとなった勝川駅のホームが保存されている

明治中期の煉瓦積みトンネルをよく観察できる

北陸鉄道能美線

2000本の桜並木と廃トンネル

寺井駅（現・能美根上駅）から分岐していた私鉄で、辰口温泉などへの観光客輸送や、九谷焼の原料・製品輸送を目的に建設された。現在は、能美市側は遊歩道「健康ロード」として整備され、約10㎞に及ぶ桜並木を散策できる。能美根上駅から1・3㎞の加賀福岡駅跡には駅名標風の説明板が、辰口温泉駅跡付近にはモハ3761などを保存した「のみでん広場」がある。手取川を渡る天狗橋の能美市側には、県道脇に天狗山トンネルがあり（内部は立入禁止）、手取川の鶴来側には七ヶ用水を渡る橋も残る。

鶴来駅からは、2009（平成21）年に廃止された北陸鉄道石川線の廃線跡が線路ごと残る。終着の加賀一宮駅は駅舎が登録有形文化財に認定され、ここを起点とする金名線跡は終着の白山下まで16・8㎞がサイクリングロードになった。温泉旅館のある鶴来を拠点とし、駅前の白山市観光連盟でレンタサイクルを利用して能美線、石川線、金名線跡をめぐるのがおすすめだ。能美根上駅からは「のみバス連携ルート」を利用し、寺井中央から辰口図書館（のみでん広場）までと宮竹東から鶴来までを徒歩でたどるのがよい。

北陸鉄道能美線

石川県

新寺井（北陸本線能美根上駅前）～鶴来（北陸鉄道石川線）

営業キロ　約16.7km

全線開業　1932年1月16日

全線廃止　1980年9月14日

高低差　約80m

徒歩での標準時間　1日

徒歩　○　バス　△　自転車　○　車　△

代替交通機関

能美根上～宮竹付近までコミュニティバス「のみバス連携ルート」1日9本

地理院地図

今昔マップ

天狗橋手前の県道横にある天狗山トンネル

倉吉線

竹林の中に線路が延びる美しい廃線跡

倉吉市によって保存されている廃線跡。倉吉駅から打吹駅跡までは遊歩道化され、打吹駅跡には倉吉線鉄道記念館がある。小鴨川の先からは2車線道路となるが、西倉吉～上小鴨間の約3・5kmは遊歩道「花と緑のふれあいロード」が整備され、沿道には敷地境界標もある。上小鴨～関金間には途中1kmほど立ち入れない区間があるので迂回が必要だ。

鴨川中学校前が関金駅跡。小鴨川の対岸には関金温泉があり入浴もできる。1・7km西からは倉吉市が保存している区間で自由に線路上を歩ける。ホームが保存されている泰久寺駅跡からは、美しい竹林の中を進む区間。その先の山守トンネルは立入禁止。小鴨川を渡ると、終着・山守までは歩道になっている。

関金から山守トンネルまでは、年数回ウォーキングイベントが開催されており、参加者は山守トンネルにも入れる。関金温泉のせきがね湯命館では、倉吉線廃線跡の音声ガイド端末を有料で貸し出しているほか、倉吉駅など市内数カ所でレンタサイクルを利用できる。ただし、それなりに登る。バス路線もあり、山守駅跡に近い下堀バス停からバスで戻れる。

倉吉線

鳥取県
倉吉（山陰本線）～山守
営業キロ　約20.0km
全線開業　1958年12月20日
全線廃止　1985年4月1日
高低差　約180m
徒歩での標準時間　1日
徒歩　○　バス　○　自転車　○　車　△
代替交通機関
日本交通バス関金線（倉吉駅～下堀）1日7～9本

地理院地図

倉吉観光MICE協会
「旧国鉄倉吉線廃線跡」

今にも列車が走ってきそうな泰久寺駅跡

塩江温泉鉄道

四国の宝塚とも呼ばれた塩江温泉への観光鉄道

新幹線と同じ標準軌を採用し、ガソリンカーが走った私鉄だ。塩江温泉の観光開発も行われたが、戦時体制に入ると不要不急路線と見なされ、全通から11年半で廃止された。仏生山駅の駅前に延びる引込線が塩江温泉鉄道の跡で、線路跡は、鉄道にちなんで「ガソリン道」と呼ばれる。4㎞あまり南下し県道と合流するところに加羅土トンネルが残る。中には入れないが煉瓦造りの壁は見事で、貴重なフランス積みを観察できる。

岩崎から線路跡は自転車道となる。香東川を渡る関橋と音川橋の橋台及び橋脚は、鉄道時代のものだ。中村駅跡にはホームが残り、案内板もある。この辺りからは遺構が増え、鉄道時代のトンネルが道路に使われていたり、道路脇にコンクリート橋脚が現れたりする。特に、2番目に現れる御殿場トンネルには保線員のための待避場もあるのが興味深い。岩部駅付近は痕跡が消えているが、岩部駅南方の竹林には全長約180mの岩部トンネルがあり、通行も可能だ。終着・塩江駅は病院の駐車場になっている。高松～仏生山～塩江間にはことでんバスが多数走っており、訪れやすい廃線跡だ。

塩江温泉鉄道

香川県
仏生山（高松琴平電鉄琴平線）～塩江
営業キロ　約16.2km
全線開業　1929年11月12日
全線廃止　1941年5月10日
高低差　約170m
徒歩での標準時間　1日
徒歩　○　バス　○　自転車　△　車　△
代替交通機関
ことでんバス塩江線（高松～仏生山～塩江）
1日12～14本

地理院地図

ひなたGIS

80年前に廃止されたとは思えない立派な橋脚が残る

宮原線

文化財登録された橋梁が数多く残る

豊後森から、現在の菊池市、みやま市を経て佐賀までを結ぶ鉄道の一部として戦前から建設されたが、肥後小国まで開通したところで頓挫した。久大本線からの分岐点は築堤が残るが、玖珠川を渡った先から宝泉寺までは国道387号バイパスに転用された。途中、町田駅はホームの駅名標が保存されている。宝泉寺駅跡は宝泉寺温泉観光物産館が立ち、2階には宮原線の史料を展示する鉄道資料室がある。ここまではバスも比較的多い。

宝泉寺からは、筋湯温泉方面の県道680号が線路跡。1㎞あまり進むと県道から右に分岐する別荘地への道路となり、麻生釣駅跡まで2時間半程度で歩ける。豊後森〜麻生釣間のバスは平日1本のみ。全区間歩くなら麻生釣駅跡近くの麻生釣温泉に宿泊できる。

麻生釣からはバスがないので車か徒歩となる。旧道に沿って下りていくと堀田橋梁、汐井川橋梁などの文化財登録された橋梁を見られ、周辺には温泉浴場などもある。北里駅はホームが保存され、幸野川橋梁やトンネルを含め終点まで線路跡を歩ける。車の人は肥後小国駅跡の道の駅小国からタクシーで北里へ戻って歩くか、レンタサイクルを利用する。

宮原線

大分県・熊本県
恵良(久大本線)〜肥後小国
営業キロ　約26.6km
全線開業　1954年3月15日
全線廃止　1984年12月1日
高低差　約320m
徒歩での標準時間　2日
徒歩　○　バス　△　自転車　×　車　○
代替交通機関
玖珠観光バス(豊後森〜宝泉寺温泉入口)1日5〜13本
玖珠観光バス(宝泉寺温泉入口〜麻生釣)平日のみ1日1本

地理院地図

道の駅小国には肥後小国駅の遺構が保存されている。

あとがき

本書を執筆することになったきっかけのひとつは、交通新聞社から刊行している鉄道趣味誌『鉄道ダイヤ情報』２０２１年１月号特集「鉄道趣味、コトはじめ」の取材で、本文でも紹介した「歩鉄の達人」土橋洋一さんからお話をうかがったことでした。土橋さんとは、それ以前から鉄道関係のトークイベントなどでお会いしていましたが、「地理院地図」を活用した廃線跡の調べ方などを改めて詳細にお聞きし、「コロナ時代にも最適な鉄道の楽しみ方」と感じたのです。

本書で紹介しているオンライン廃線跡巡りのノウハウは、筆者自身が普段から行っている方法をベースに、単写真の活用など土橋さんから教えていただいたアイデアを加味しました。また、「遺構が一切残っていない武州鉄道」や、「グーグルストリートビューで確認できる東野鉄道の橋台」は、『鉄道ダイヤ情報』のインタビューで土橋さんから教えていただいたものです。そのほか、多くのアイデアや知識を「歩鉄の達人」サイトからいただきました。心から御礼申し上げます。

　廃線跡には、その鉄道の記憶と遺産を後世に伝えていこうと活動している方が大勢います。「なつかしの尾小屋鉄道を守る会」の坂井稔樹さんと太田稔さん、「日中線しだれ桜プロジェクト」の唐橋脩さんと井上普さん、「旧別府鉄道キハ2号を守る会」の元代表・誉田勝さんには、お忙しい中取材に対応していただき、大変勉強になりました。ありがとうございました。飛び込みでお話を聞かせてくださった、旧美濃駅保存会の方や愛岐トンネル群保存再生委員会の皆さまにも御礼申し上げます。

　廃線跡巡りに興味のある方、あるいは本書を読んで興味を持ってくださった方は、沿線の遺構だけでなく、こうした方々の活動にも注目していただければ嬉しいです。

　残念なことに、社会構造の変化に伴って廃止される鉄道は後を絶ちません。しかし、どの鉄道も一度は地域の産業や物流を支えた大切な交通機関です。廃線跡をネットで調べ、現地を訪ねて歩き、出会った人とその鉄道について言葉を交わせば、鉄道の記憶はきっと未来につながっていくことでしょう。

　安全に十分配慮して、ぜひ鉄道の記憶をたどる旅を楽しんでみてください。

２０２１年７月　栗原　景

栗原　景（くりはら かげり）
1971年東京生まれ。小学生の頃からひとりで各地の鉄道を乗り歩く。旅と鉄道、韓国をテーマとするフォトライター、ジャーナリスト。旅行ガイドブックの編集を経て、2001年からフリー。主な著書に『地図で読み解くJR中央線沿線』（岡田直監修／三才ブックス）、『東海道新幹線沿線の不思議と謎』（実業之日本社）、『東海道新幹線の車窓は、こんなに面白い！』（東洋経済新報社）、『アニメと鉄道ビジネス』（交通新聞社新書）など

交通新聞社新書154
廃線跡巡りのすすめ
デジタル新時代における鉄道遺構の楽しみ方
（定価はカバーに表示してあります）

2021年8月25日　第1刷発行

著　者——栗原　景
発行人——横山裕司
発行所——株式会社　交通新聞社
https://www.kotsu.co.jp/
〒101-0062　東京都千代田区神田駿河台2-3-11
NBF御茶ノ水ビル
電話　東京（03）6831-6550（編集部）
東京（03）6831-6622（販売部）

印刷・製本—大日本印刷株式会社

ISBN978-4-330-03321-1